Berchtesgadener Land

Der Überlieferung nach kamen Anfang des 12. Jahrhunderts auf Betreiben Berengar I. von Sulzbach vier Augustiner Chorherren und vier Laienbrüder in das Waldgebiet von Berchtesgaden, um ein Kloster zu gründen. Sie bestiegen zunächst den Lockstein, um von hier aus den günstigsten Punkt für ihre Ansiedlung in Berchtesgaden zu finden. Gleich nach dem Zusammenfluß der Achen entdeckten sie, geschützt vor wilden Wassern, Bären und Wölfen eine Felskanzel, die ihnen geeignet schien, eine klösterliche Siedlung zu errichten. Ob die Martinskapelle, heute eingebettet zwischen Stiftskirche und Königlichem Schloss, das älteste Bauwerk Berchtesgadens war, wird bezweifelt. Jedenfalls entstand auf der kleinen Hochfläche das reichsunmittelbare Fürstentum und damit auch der heutige Markt Berchtesgaden. Von diesem Platze aus vollzog sich die weitere Besiedlung des Berchtesgadener Landes, die durch die späteren Salzfunde erheblich beeinflußt wurde.

Geographie. In die Hochgebirgslandschaft von Berchtesgaden führen (mit Autobahnanschluß) die Bundesstraße 20 über Bad Reichenhall – Paß Hallthurm; von Salzburg die B 305 über die Landesgrenze und Marktschellenberg; die Deutsche Alpenstraße von Ramsau. Bahnlinien: München – Freilassing – Berchtesgaden. Flughafen: Salzburg 20 km. Der Markt Berchtesgaden, Mittelpunkt des Landes, staffelt sich über dem Zusammenfluß der Königsseer und Ramsauer Ache in die Höhe. Das Bischofswieser Tal zieht nach Nordwesten, das Königsseetal nach Süden, das Ramsauer Tal nach Westen, das Tal der Berchtesgadener Ache nach Nordosten. „Die Berchtesgadener Alpen“ bestehen aus neun Gebirgsstöcken: Untersberg (N), Lattengebirge (NW), Reiteralpe (W), Hochkalter (SW), Watzmann (S), Göllgruppe (O), Hagengebirge (SO), Steinernes Meer (S), daran anschließend Hochkönig (SO). Dieses Gebiet wird von Saalach und Salzach begrenzt.

Geologie. Die Hauptmasse der Berchtesgadener Alpen gehört der Triasformation an, hauptsächlich gebildet von Dachsteinkalk und Hauptdolomit, die in einer Mächtigkeit von über 2000m auftreten, wo-

Die Oberau mit Watzmann, Hochkalter und Reiteralpe.
Unteres Bild: Links der Hohe Göll, daneben das Hohe Brett, der Jenner und das Hagengebirge. Im Tal der Königssee.

bei der Dolomit den Dachsteinkalk überlagert. Beide Gesteinsarten sind Meeresbildungen, auch das in Werfener Schichten lagernde Haselgebirge, das einen Salzstock von etwa 110m Höhe und 1km Breite aufweist. Die Lagerungsverhältnisse deuten auf mehrmalige Bewegungen des Meeresbodens. Dabei entstanden gewaltige Platten der Kalkformationen und Verwerfungen. Durch Erosionen erhielten die Täler ihre späteren Formen. Während der Eiszeit bedeckten Gletscher bis zu 1200 Meter Höhe das Land, die später durch das Haupttal abflossen. Die Entstehung des Königssees wird auf tektonische Vorgänge zurückgeführt. Durch einen gewaltigen Bergsturz wurde der Obersee abgetrennt. Vermutlich bestand am Ende der Eiszeit auch im Wimbachtal ein See, außerdem reichte der Hintersee bis an den Hirschbichl-Aufstieg. Verwitterungsprodukte des brüchigen Ramsaudolomits haben den See des Wimbachtals längst verschüttet und das Hinterseetal ausgefüllt. Da beim Königssee eine so massierte Geröllbildung wegen des weitaus festeren Dachsteinkalks nicht eintrat, blieb der See in seiner ursprünglichen Größe nahezu erhalten, mit Ausnahme des Bartholomä-Deltas, das den Königssee einmal abschnüren könnte. Einstiges Seebecken ist auch die Scharitzkehlalm.

Klima.

Das Klima in Berchtesgaden ist sehr kontrastreich. Im Laufe eines Tages und im jahreszeitlichen Ablauf können große Wetterschwankungen auftreten, deren Hauptursache Stau- und Föhnerscheinungen an den Gebirgswänden sind. Es entstehen auf kleinem Raum und in verschiedenen Höhenlagen starke klimatische Unterschiede.

Durchschnittswerte der Luft: Januar -2.7°, Februar -1.2°, März 3.0°, April 7.1°, Mai 11.7°, Juni 14.8°, Juli 16.3°, August 15.4°, September 12.6°, Oktober 7.3°, November 2.7° und Dezember -1.2°.

Klimaextreme: Funtensee im Steinernen Meer, kältester Punkt in Deutschland (24.12.2003 -45,9°).

Windärmster Platz ist die Wallfahrtskirche St. Bartholomä.

Kurze Geschichte. Ob vor der Gründung des Augustiner Chorherrenstifts um 1100 n. Chr. das Bergland schon besiedelt war, konnte bis heute nicht geklärt werden. Verschiedene Funde sprechen für zeitweises Vorhandensein von Jägern oder Viehhütern. Als Stifterin

Blick vom Lockstein auf Berchtesgaden und Watzmann

Kl. Watzmann
Jungfrau
Watzmann
Funtenseetauern
Schönfeldspitze
Grünstein
Kgl. Schloss
Stiftskirche

gilt die Gräfin Irmengard von Sulzbach, die ein Gelöbnis abgelegt hatte, im Gebiet von Berchtesgaden ein Kloster zu gründen.

1122 wurde die Stiftskirche eingeweiht. Der Name „Berchtesgaden" dürfte von Perther, einem damals häufig vorkommenden Männervornamen, und „Gaden" = einstöckiges Haus, vielleicht Jagdhaus, herrühren. Propst Heinrich I. erwirkte bei Kaiser Friedrich Barbarossa die „Goldene Bulle", die dem Stift Berg- und Salzrecht sicherte. Trotz kaiserlicher Gunst, reichen Schenkungen und Salzbergbau geriet das Stift immer wieder in wirtschaftliche und vor allem politische Schwierigkeiten mit den Erzbischöfen von Salzburg. Berchtesgaden erhielt den Blutbann; wurde gefürstet und reichsunmittelbar. Der Fürstpropst erhielt Sitz und Stimme im deutschen Reichstag. Religionsstreitigkeiten brachten neue Komplikationen, 1733 verließen 1200 Protestanten ihre Berchtesgadener Heimat. 1803 wurde das Stift säkularisiert, Berchtesgaden zunächst toscanisch, 1805 österreichisch, bis es 1809 endgültig Bayern zugesprochen wurde. Damit war seine selbständige Geschichte beendet. Im 19. Jahrhundert begann eine reizvolle Kulturgeschichte. Naturgelehrte betätigten sich als erste Bergsteiger, Sagen wurden gesammelt, erste Reiseberichte und Führer erschienen, Berchtesgaden, ein bevorzugter Platz der Romantiker (Olivier, L. Richter, M. v. Schwind usw.), die bayerischen Könige schlugen hier ihre Sommerresidenz auf. Berchtesgaden hatte bereits Ruf und Namen, ehe viele der anderen Sommerfrischen in Erscheinung traten.

Eine kurze politische Geschichte spielte sich nach dem ersten Weltkrieg ab. König Ludwig III. flüchtete 1918 vor der Räteregierung nach St. Bartholomä. Jahre später entzog sich Hitler einigemale dem Zugriff seiner politischen Gegner und kaufte sich auf dem Obersalzberg das Haus Wachenfeld. Während des Krieges wurden politische und militärische Führungsstäbe hierher verlegt.

Das Land und seine Bewohner. Da annähernd zwei Drittel des Berchtesgadener Landes Fels, Wald und Almregionen sind, blieb den Bewohnern nicht viel Lebensraum. Weder Klima noch Boden machen den Anbau von Getreide wirtschaftlich. Schwerpunkt der Landwirtschaft war die Viehhaltung. Nebenerwerb liefern die Saline, das Forstamt und die „Berchtesgadener Holzhandwerkskunst". Heute ist

Der Luitpoldhain vor der Königlichen Villa; rechts „Seine Königl. Hoheit Prinzregent Luitpold v. Bayern beim Eisstockschießen (alte Postkarten).

neben verschiedenen Handwerks- und Industriebetrieben der Fremdenverkehr der entscheidende Wirtschaftsfaktor. Das Berchtesgadener Land ist nicht nur eines der ältesten bayerischen Urlaubsgebiete, mit über 25000 Gästebetten ist es auch das fast am meisten frequentierte Feriengebiet in den bayerischen Alpen. Die letzten Jahrzehnte waren erfüllt von Aktivität: Errichtung neuer Gebäude – Kongreßhaus, neuzeitliche Hotels, Sportanlagen, Sesselbahnen, Skilifte, Watzman Therme, geheizte Freibäder, Kunsteisrodel- und Bobbahn, Eisstadion, Sportzentrum, Fußgängerzone, Gradierwerke und Schulen. Die einstige abgeschlossene Lage und die geistliche Eigenstaatlichkeit begünstigten eine starke Entwicklung des Volkstums, das in Tracht, Bauweise, Dialekt und Brauchtum noch heute zum Ausdruck kommt. Daneben behauptet sich eine seit Jahrhunderten im Land gepflegte Volkskunst. In allen Gemeinden gibt es Trachten- und Weihnachtsschützenvereine und landschaftsbezogene Interessengruppen.

Nationalpark Berchtesgaden. Berchtesgaden beherbergt eines der ältesten Schutzgebiete der Alpen. Schließt man die Jahre der Vorbereitung mit ein, so geht seine Geschichte auf den Beginn des 20. Jh. zurück. Die Initiative lag insbesondere bei den alpinen Vereinen. Sie hatten in der zweiten Hälfte des 19. Jh. einen wichtigen Beitrag zur touristischen Erschließung der Alpen erbracht und sahen sich nun in der Verantwortung, die Natur der Bergwelt vor allzu intensiver Nutzung zu schützen. In die Suche nach Schutzgebieten in den Alpen wurde von Anfang an Berchtesgaden einbezogen. Die Gründe hierfür sind uns überliefert. In den schriftlichen Unterlagen aus jener Zeit ist von „Reichtum und Mannigfaltigkeit“ der Berchtesgadener Flora und von der „alpinen Urnatur“ die Rede. Daß bereits damals auch an die Forschung gedacht wurde, ergibt sich aus einem weiteren Zitat: „Diese und andere in einem derartigen Schonbezirk eintretenden Verhältnisse einer genauen Untersuchung und fortwährenden Beobachtungen zu unterziehen, dürfte wissenschaftlich von hohem Interesse sein“ In Berchtesgaden fand man auch die notwendige Unterstützung örtlicher Mitstreiter, wobei insbesondere der damalige Vorsitzende der Alpenvereinssektion Berchtesgaden, der Königliche Regierungsrat Kajetan Kärlinger, zugleich Leiter des Berchtesgadener Rentamts (heute Finanzamt), zu nennen ist.

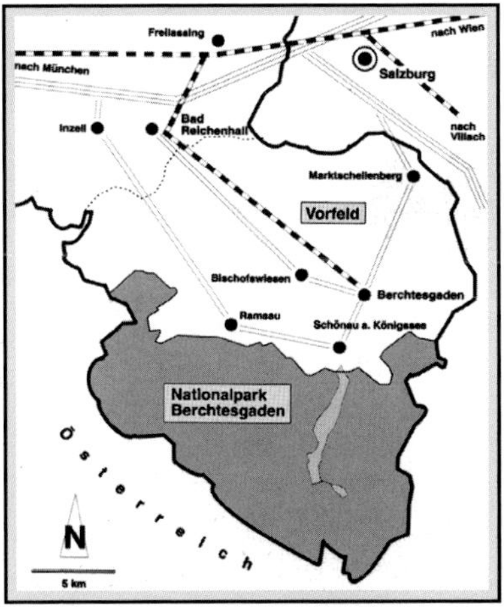

Nach den Dokumenten aus jener Zeit kannten die Befürworter des geplanten Berchtesgadener Schutzgebietes den 1872 als ersten Nationalpark der Erde errichteten Yellowstone Park. Seine Schutzvorstellung, die Natur sich selbst zu überlassen, war zunächst auch als Vorbild für das Berchtesgadener Schutzgebiet überlegt worden. Doch die im ausersehenen Gebiet noch bis 1918 betriebene Hofjagd ließ dies nicht zu. So wählte man einen Schutzinhalt, der dem damals schwunghaften Handel mit Alpenblumen Einhalt gebieten sollte. Dieser Schutzinhalt kommt im Namen des schließlich 1910 errichteten „Pflanzenschonbezirk Berchtesgadener Alpen“ treffend zum Ausdruck. Er war etwa 8600 ha groß und umfaßte den südlichen Königssee und den Obersee mitsamt den umliegenden Bergen. Dieses erste Schutzgebiet wurde 1921 auf rund 20000 ha erweitert. Es schloß jetzt auch den Hohen Göll, den gesamten Königssee südlich der Insel Christlieger, den Watzmann, das Wimbachtal, das Hochkaltergebiet, das Klausbachtal einschließlich des Hintersees und die Südostabhänge der Reiteralm ein. Mit einigen Flächenkorrekturen – zu erwähnen sind vor allem die Herausnahme aller Privatflächen, des Jennerskigebietes sowie des Hintersees und der Einbezug des südlichen Reiteralmplateaus auf bayerischer Seite wurde das Schutzgebiet 1978 zum Nationalpark Berchtesgaden erklärt. Er ist jetzt insgesamt knapp 21000 ha groß. Zusammen mit dem etwa 25000 ha großen Vorfeld, in dem die fünf Berchtesgadener Gemeinden sowie Lattengebirge und der bayerische Teil des Untersbergs liegen, erhielt das Gesamtgebiet die Bezeichnung Alpenpark Berchtesgaden. Seit 1990 ist der Alpenpark durch die UNESCO als Biosphärenreservat ausgewiesen. Im gleichen Jahr wurde dem Nationalpark Berchtesgaden das Europadiplom verliehen. Im Nationalpark Berchtesgaden soll nun verwirklicht werden, womit die Begründer des ersten Berchtesgadener Schutzgebietes bereits zu Beginn unseres Jahrhunderts geliebäugelt hatten: Die Natur im Grundsatz sich selbst und ihrer freien Entwicklung zu überlassen. Auch wenn sich die Forst- und Landwirtschaft aus Gründen mangelnder Rentabilität schon vor Errichtung des Nationalparks aus erheblichen Flächen zurückgezogen hat, wird das Ziel erst in Jahrzehnten erreicht sein. Die in mehrhundertjähriger Fichtenwirtschaft veränderten Wälder benötigen solche Zeiträume, bis sie wieder zu Bergmischwäldern zurückkehren. Der Waldumbau wird nur Erfolg haben, wenn die Rotwild-, Gams- und Rehwildbestände wieder die Verjüngung aller standort heimischen Baumarten zulassen und auch durch Trennung von Wald und Weide die Verbißbelastung reduziert ist. Auf den heute noch bewirtschafteten Lichtweideflächen hat eine traditionelle Almwirtschaft weiterhin eine Existenzgarantie. Durch das Biosphärenreservat kommt ein neuer Gesichtspunkt hinzu. Die der Landnutzung gewidmeten Bereiche, insbesondere des Vorfeldes sollen beispielhaft nachhaltige, umweltverträgliche Wirtschaft verwirklichen. Forschung kann in Berchtesgaden auf eine etwa 200-jährige Tradition zurückblicken. Der Nationalpark hat dieses Erbe aufgegriffen und eingebunden in ein weltweites Forschungsprogramm der UNESCO - als Forschungschwerpunkt die langfristige, ökologische Umweltbeobachtung aufgebaut. Nationalparke sind einzurichten „zur Freude und zum Wohle“ der Bevölkerung. Mit diesen Worten luden die Initiatoren der ersten Nationalparke zu deren Besuch ein. Dies gilt heute noch, auch für den Nationalpark Berchtesgaden. „Zu Fuß unterwegs in einer weitgehend intakten Natur“ ist die Idee, die hinter seinem touristischen Angebot steht. Rund 230 km markierte Wanderwege und Bergsteige bieten hierzu eine reiche Auswahl. Sie sollten nicht nur dazu dienen, ein Ziel möglichst rasch zu erreichen und dann wieder zum Ausgangspunkt zurückzueilen. Von Anfang bis zum Ende bietet der Weg viele Möglichkeiten, die Natur zu erleben. Wer auf dem markierten Weg bleibt, meidet die Gefahren des alpinen Geländes und beläßt den Wildtieren die notwendigen Rückzugs- und Ruhegebiete.

Für das richtige Verhalten im Nationalpark gibt es viele Einzelbestimmungen. Sie sind auf den kurzen Nenner zu bringen: Benehmen Sie sich wie ein Gast, lassen Sie nichts zurück und nehmen Sie nichts mit. Nationalpark und Biosphärenreservat Berchtesgaden sehen schließlich eine gemeinsame Aufgabe in der Umweltbildung. Ihr Ziel ist es, für einen pfleglichen und sorgsamen Umgang mit unserer Erde insgesamt zu werben. Schutzvorstellung, Forschung und Erholungsangebot müssen zwangsläufig auf das Schutzgebiet selbst beschränkt bleiben. Die Umweltbildung soll jedoch weit über die eigenen Grenzen des Schutzgebietes hinaus wirken. Zentrale Anlaufstelle für Einheimische und Gäste ist das Nationalparkhaus im Franziskanerkloster Berchtesgaden. Ausstellung, Literatur, Filme und persönliche Betreuung durch Mitarbeiter/innen der Nationalparkverwaltung stehen dort den Besuchern zur Verfügung. An den wichtigsten Zugängen zum Nationalpark, auf dem Weg vom Parkplatz zur Schiffslände Königssee, in St. Bartholomä, an der Wimbachbrücke und südlich des Hintersees (Klausbachhaus) bieten Informationsstellen eine Einführung in die dahinter liegenden Wandergebiete.

Informationen

Abkürzungen, allgemein. *AV* = Alpenverein, *AVS* = Alpenvereinssektion, bew. = bewirtschaftet, Bhf = Bahnhof, ganzj. = ganzjährig, Ghs. = Gasthaus, km = Kilometer, L. = Lager, Min. = Minute, Std. = Stunde, Tel. = Telefonnummer, TVN = Touristenverein „Die Naturfreunde“, u. U. = unter Umständen, verf. = verfallen, vgl. = vergleiche, Whs. = Wirtshaus. Himmelsrichtungen: N = Norden, nördl. = nördlich (usw.), nordw. = nordwestlich, NW = Nordwesten (usw.) O = Osten, S = Süden, W = Westen.

Auskünfte für den Gast. Kurdirektion des Berchtesgadener Landes, gegenüber dem Hauptbahnhof Berchtesgaden, Tel. 08652/967-0 und die Verkehrsbüros in den Gemeinden.

Alpenverein. Deutscher Alpenverein, Sektion Berchtesgaden, Tel. 08652/2207, Eingang bei den Arkaden im Kurgarten. Geöffnet Di., Do. und Fr. von 15.00 - 17.30 Uhr.

Ärzte. Praktische und Fachärzte (Chirurgen, Internisten, Frauen-, Kinder-, Lungenfachärzte, Hautarzt, Hals-, Nasen- und Ohrenspezialisten, Fachärzte für Orthopädie, Urologie- und biologische Heilbehandlung). Zahnärzte, Ärzte für Augenheilkunde, Masseure und Heilgymnastiker; Verzeichnis bei der Kurdirektion und den Verkehrsbüros in den Gemeinden.

Ärztlicher Notdienst und Bergrettung. Rettungsleitstelle Traunstein Tel. 19222.

Apotheken. *Berchtesgaden:* Apotheke am Marktplatz 8; Antoniusapotheke, Maximilianstraße 11; Watzmann-Apotheke, gegenüber der Franziskanerkirche; Bahnhofsapotheke, am Berchtesgadener Hauptbahnhof. *Bischofswiesen:* Brennerbascht; Panorama Park Einkaufszentrum. *Schönau:* Grünsteinapotheke, Artenreit.

Aussichtspunkte. Lockstein, Marxenhöhe, Kneifelspitze, Kastensteinerwand, Hochlenzer, Brandkopf, Kehlstein, Graflhöhe, Rossfeld, Jenner, Grünstein, Toter Mann, Söldenköpfl.

Banken. Sparkasse Berchtesgadener Land, Maximilianstraße; Hypovereinsbank Berchtesgaden, Fußgängerzone; Volksbank-Raiffeisenbank in der Fußgängerzone; Postbank am Hauptpostamt. Bankfilialen mit Geldautomaten in allen Gemeinden.

Bauerntheater Berchtesgaden. Franziskanerplatz Berchtesgaden. Kartenreservierung ab 18 Uhr, Tel. 08652/2858. Im Sommer Freilichtaufführungen im Kälbersteinsteinbruch.

Bergbahnen. Jennerbahn, Königssee Telefon 08652/9581-0; Obersalzbergbahn, Berchtesgaden Tel. 08652/2561; Hochschwarzeckbahn, Ramsau Telefon 08657/368; Untersbergbahn, St. Leonhard in Österreich Tel. 0043/662/624612

Bäder und Massagen im Solekurbad Berchtesgaden am Franziskanerplatz, in der Watzmann-Therme, im Kreiskrankenhaus und allen privaten Massagepraxen.

Bergführer/Bergsteigerschulen (Rafting, Canyoning usw). Outdoorclub Berchtesgaden Tel. 08652/5001; Treff-Aktiv, Jennerbahn Talstation, Königssee, Tel. 08652/66710; Berchtesgadener Bergführervereinigung, Vermittlung Peter Geyer. Tel. 08651/71312; Heinz Zembsch, Strub, Tel. 08652/5371.

Bücherei. Marktbücherei Berchtesgaden, Am Anger 2, Öffnungszeiten: Di. und Do. 15.00 - 18.00 Uhr, Mi. 15.00 - 19.00 Uhr, Fr. 9.00 - 11.00 Uhr, über 10000 Bücher, die Ausleihe ist kostenlos, Telefon 08652/63688; Bücherei Schönau am Königssee, Rathausplatz 1, Tel. 08652/968042; Bischofswiesen, Rathausplatz, Tel. 08652/8789; Ramsau, Im Tal 2, Tel. 08657/988920.

Camping. Allweglehen (Untersalzberg), Grafenlehen (Königssee), Mühlleiten (Königssee), Winkl (an der Bundesstraße 20), Ramsau (Alpenstraße, nähe Taubensee).

Eishalle Berchtesgaden. Schießstättbrücke. Winterbetrieb 20.9. - 31.3., Sommerbetrieb 21.7. - 19.9. Auskunft Tel. 61405, Eishalle.

Enzianbrennerei. Enzianbrennerei Graßl, Deutschlands älteste Enzianbrennerei, Berchtesgaden-Unterau (direkt an der Straße nach Salzburg liegend), Brennereibesichtigung, Informationsfarbfilm, Schau historischer Brenngeräte, Gratiskostproben von Gebirgsspezialitäten, Parkplätze, Bus-Service. Besichtigungsmöglichkeit Mo. - Fr. von 8.00 - 18.00, Winter bis 17.00 Uhr. Von Mai bis Oktober auch Samstags 8.30 - 12.30 Uhr.

Fahrradverleih. Sport Brandner, Berchtesgaden, Tel. 08652/1434 und Ramsau, Tel. 08657/790; Berchtesgadener Radl-Verleih Dorf Königssee,Tel. 08652/96870.

Fahrdienst für Schwerbehinderte. Auskunft in der BRK-Geschäftsstelle Bad Reichenhall, Tel. 08651/2345.

Golfplatz auf dem Obersalzberg (1000 m Höhe), 9-Lochplatz, Tel. 08652/2100.

Miniatur-Golf. Berchtesgaden, Luitpoldpark; Salzberg, Campingplatz Allweglehen; Ramsau, Hotel Hocheck, Wimbachbrücke.

Handwerkskunst, Heimatmuseum. Sammelstelle und Verkauf im Erdgeschoß des Berchtesgadener Heimatmuseums (Schroffenbergallee und Fußgängerzone, nähe Marktbrunnen), schöne u. typische Reiseandenken, Tel. 08652/4410.

Jugendherbergen und Touristenheime. Jugendherberge Strub; Jugendhotel Seimler, Untersalzberg an der B 305. Weiteres Verzeichnis durch die Kurdirektion. Jugendheim in der Bacheifeldschule, Treffpunkt für Jugendliche ab 14 (keine Übernachtung).

Kegeln. Bischofswiesen, Am Rathausplatz, Telefon 08652/7498; Berchtesgaden, Sporthotel Seimler, Tel. 08652/6050.

Kino. Kur-Lichtspiele Berchtesgaden, im Kurhaus; Schwabenwirt-Lichtspiele, Berchtesgaden, Hotel Schwabenwirt, Tel. jeweils 08652/95384.

Kirchen. Katholisch: Berchtesgaden (Stifts-, Pfarr-, Franziskanerkirche), Bischofswiesen, Maria Gern, Oberau, Ramsau (Pfarrkirche und Kunterweg), Salzberg (Maria am Berg), Buchenhöhe, Unterstein, Winkl u. Strub. Evangelisch: Berchtesgaden (Christuskirche); Strub (Altersheim Insula); Ramsau, Unterstein (Hubertuskapelle); Bischofswiesen.

Die **Kurkarte** berechtigt zum freien oder ermäßigten Eintritt zu Einrichtungen des Tourismusverbandesverbandes und bei verschiedenen Veranstaltungen. Auf der Rückseite der Kurkarte, die der Quartiergeber nach Anmeldung aushändigt, sind die Vergünstigungen einzeln aufgeführt.

Kur- und Kongreßhaus Berchtesgaden. Zugang von der Maximilianstraße und dem Kurgarten. Großer Kursaal mit über 800 Plätzen und kleiner Saal, Kongreßßräume, Klub- und Fernsehräume, Lesesaal, Kino, Restaurationsbetrieb, Cafe. Im Eingangsgebäude Information und Kartenverkauf (Tel. 08652/9445-0, Öffnungszeiten in der Saison, Mo. - Sa. 9.00 - 18.00 Uhr, Sonn- und Feiertag 10.00 - 13.00 Uhr u. 14.00 - 18.00 Uhr, Nebensaison bis 17.00 Uhr). Weitere Fremdenverkehrsbüros sind in der Ramsau, Schellenberg, in Bischofswiesen Schönau, Königssee und Oberau.

Kurgarten. Eingang von der Maximilianstraße. Eine grüne, blühende, wasserrauschende Insel im Herzen Berchtesgadens. Die Promenaden werden von Rosenbeeten und vielblumigen Rabatten umgeben. Wasserbecken mit Fontänen, Alpinum, Zugang zum Kurhaus.

Kneipp-Kuren. Berchtesgaden: Kreiskrankenhaus. Kleine Kneippanlagen beim Aschauer-Weiher Freibad, Bischofswiesen; Löslerpark, Schönau am Königssee; Ort Ramsau und Marktschellenberg.

Krankenhaus. Kreiskrankenhaus mit Bäderabteilung in Berchtesgaden, Locksteinstraße 16, Tel. 08652/57-0. Klinikum Berchtesgadener Land, Malterhöhe 1, Schönau am Königssee, Tel. 08652/93-0.

Lesesaal, Berchtesgaden im Kur- und Kongreßhaus.

Königliches Schloss, Schlossplatz Berchtesgaden, Führungen, Auskunft Tel. 08652/2085.

Obersalzberg Dokumentation Orts- und Zeitgeschichte, Salzbergstraße 41, 83471 Berchtesgaden. Geöffnet von 1.4. - 31.10., Mo. mit So. 9.00 - 17.00 Uhr, letzter Einlaß 16.00 Uhr. 1. 11. - 31.3. Di. mit So. 10.00 - 15.00 Uhr, letzter Einlaß 14.00 Uhr. Tel. 08652/947960.

Paragliding und Drachenschulung. Hanggliding Service, Franz Wenig, Tel. 08652/2363, Schönau a. Königssee (November - März). Tandemflüge und Schirmverleih; Peter Beierl, Para-Taxi Berchtesgadener Land, Maximilianstraße 16, Info-Tel. 0700-72728294; Dirk Brandner, Mühleben 1, Firma Tandem-Fun-Flight, 83471 Schönau am Königssee, Tel. 08652/690899; Harti Sommer, Berchtesgadener Gleitschirmflieger e.V., Achenweg 10, 83471 Berchtesgaden, Tel. 08652/4233.

Parkgarage. Zweigeschossige Tiefgarage zwischen Kur- und Kongreßhaus und Fußgängerzone, 425 Abstellplätze für PKW, Einfahrtshöhe 2,1m. Für Omnibusse 7 Stellplätze gegenüber dem Kur- u. Kongreßhaus. Tiefgarage im Nonntal.

Parkplatz am Salzbergwerk. Großzügiger Parkplatz für über 600 Personenautos und 30 Busse. Gebühr nach Zeit. Zufahrt über die B 305 (Hinweisschilder). Von hier direkte, preiswerte Busverbindung zum Markt Berchtesgaden, mit Kurkarte kostenlos.

Reform- und Diäthaus. Berchtesgaden, Reformhaus Erhardt in den Arkaden am Kurgarten und Naturkostladen im Nonntal.

Regionalverkehr Oberbayern (RVO). Berchtesgaden Bahnhof, Tel. 08652/9448-20 oder 9448-0.

Rodelbahn. Naturrodelbahn vom Obersalzberg, 3,5 km Länge. Beginn der Strecke von Berchtesgaden, Schießstättbrücke, mit der Obersalzbergseilbahn oder den Bussen der RVO erreichbar.

Sommerrodelbahn. Hochlenzer an der Bergstation der Obersalzbergbahn, Tel. 08652/2105.

Sauna. Berchtesgaden: Watzmann-Therme. In den größeren Hotels nach Absprache.

Schwimmbäder und Sportanlagen. *Aschauerweiherbad*, Aschauweiherstr. 85, zwischen Rostwald und Bischofswiesen prächtig gelegen, über Locksteinstraße zum Dietfeld und von Bischofswiesen aus mit dem Pkw, über Rostwald und Hochgart zu Fuß zu erreichen. Größtes Naturbad Deutschlands (Moorbad). Im Winter Flutlicht-Langlaufloipe; mit Gastronomie. Tel. 08652/3366, geöffnet Mitte Mai - Mitte September von 8.30 - 19.30 Uhr. Das *Schornbad* in Unterstein liegt zentral im Ort, beheizt. Es wird mit reinem Quellwasser gespeist. Um das Bad gruppieren sich Liegewiesen, teils unter prächtigem Baumbestand. *Watzmann-Therme*, Bergwerkstr. 54, Erlebnisbad am Sportplatz an der Breitwiesenbrücke. 1997 neu eröffnetes Erlebnisbad mit großer Wasserrutsche, Strömungskanal, Solebecken, Freiluftbecken, Solarien und herrlicher Saunalandschaft sowie Kleinkinderabteilung und Gastronomie. Tel. 08652/9464-0.

Beheiztes Schwimmbecken in Marktschellenberg, Tel. 08650/919900.

Tennis. Berchtesgaden: Gegenüber Hotel Seimler, Salzburger Str. 34, an der B 305. Tel. 08652/3839; Schönau am K´see: Alpenstadion, Tel. 08652/1523.

Taxi. Berchtesgaden: Am Hauptbahnhof und vor dem Kur- und Kongreßhaus; Königssee: Saisonstellplatz an der Seestraße; Unterstein: Am Rathaus; Bischofswiesen: Bahnhof; Obersalzberg: Dokumentationsstelle Obersalzberg beim ehemaligen Platterhof. Taxizentrale Telefon 08652/4041 oder 19410.

Eislaufstadion: Nähe Watzmann Therme, auch Sommerbetrieb. Eisstockbahn an der Schießstätte, neben Eislaufstadion.

Golf: Neun-Loch-Golfplatz am Obersalzberg, Salzbergstr. 33, Tel. 08652/2100 mit Driving-Ranch.

Unterhaltung. Discos sind in Königssee: Kaser-Bar, rechts vor der Zahlstelle zum Großparkplatz (abends kostenfrei). Berchtesgaden: „Halodri", im Hauptbahnhof. Bischofswiesen: „VIVA" im Einkaufszentrum Panorama Park. Treffpunkte zum gemütlichen Bier sind der Holzkäfer, Buchenhöhe-Obersalzberg; in Berchtesgaden das Chill Out am Bahnhofsfußweg, das Sound Cafe und die Stehkneipe in der Maximilianstraße, das Faßl im Alpenhotel Kronprinz, Heidi`s Abendcafe, in Königssee der Seestadl und die Seealm unterhalb der Jennerbahn. Viele Hotels und Gasthäuser veranstalten Kerzenlicht-Abende, im Kur- und Kongresshaus treten sehr gute Künstler und Musikgruppen auf. Empfehlenswert sind die verschiedenen Heimatabende der Berchtesgadener Trachtenvereine. Das aktuelle Veranstaltungsprogramm ist bei der Kurdirektion und den Verkehrsämtern erhältlich.

Der herrlich gelegene 9-Loch-Golfplatz am Obersalzberg.

Sehenswürdigkeiten

Der Markt Berchtesgaden

Der Marktplatz zeigt volkstümlich-alpenländische Bauformen, er hat sein altes Gesicht bewahrt. Der Marktbrunnen wurde 1677 anstelle einer primitiven Wasserstelle errichtet und durch König Ludwig I. in die heutige Form gebracht. Das große Eckhaus, früher „Haus an der Bruck'n", später Hirschenhaus genannt, datiert von 1594, wurde jedoch mehrmals umgebaut. Erhalten sind auf der Südseite Renaissance-Fresken, um 1600 entstanden, parodierende Affenszenen, die älteste Profan-Hausmalerei im süddeutschen Raum. Nicht weit vom Marktplatz steht das Hotel Post, das ehemalige „Leithaus" oder „Leuthaus", älteste Gaststätte in Berchtesgaden, bereits 1328 genannt. Am Marktplatz selbst, der Gasthof Neuhaus von 1576, zweitälteste Gaststätte, 1971 renoviert, mit erhaltener Leutstube und Herrenstube (1. Stock). Durch den Torbogen gelangt man zum alten Kornmesserhaus, links, und zum Schlossplatz.

Fußgängerzone: Zwischen dem Marktplatz und dem Kurhaus entstand 1978 die Fußgängerzone der Marktgemeinde Berchtesgaden mit einer Fläche von etwa 5867 qm. Mehrere Brunnen, sowie Grünbewuchs, Sträucher und Bäume lockern zwischen den Häusern auf und geben eine heimelige Atmosphäre. Die Fußgängerzone ist 1994 bis zum Schlossplatz fortgeführt worden.

Oldtimer bei der Rossfeld Historic

Schlossplatz: Während der Marktplatz heitere Volkstümlichkeit zeigt, repräsentiert der Schlossplatz heute noch das Höfische, Residenzhafte des ehemaligen geistlichen Fürstentums. Der weiträumige Platz wirkt in seiner Geschlossenheit: Die Würde der Stiftskirche, die nobel stukkierte Schlossfassade, die Schlossarkaden des ehemaligen Marstalls sind ein gewaltiger Rahmen. Der Marmorbrunnen wurde 1960 von der Marktgemeinde anläßlich der 150-jährigen Zugehörigkeit Berchtesgadens zum Königreich Bayern errichtet.

Die Stiftskirche steht beherrschend auf dem Schlossplatz. Ein Behelfsbau wurde von Propst Eberwein I. errichtet, im 12. Jahrhundert wurde die Kirche als stattlicher Bau im romanischen Stil erneuert, im 13. Jahrhundert ein frühgotischer Chor errichtet. Die Kirche erfuhr verschiedene Umbauten; die Türme wurden durch Blitzschlag vernichtet, erst 1864 erhielt die Kirche beide Türme wieder. Der Hochaltar wurde 1669 vollendet. Das Altarbild stammt von Zott 1669. Auch die beiden Seitenaltäre verdienen Beachtung, schön ist das geschnitz-

Dank
dem Könige
Ludwig I.
für die Gabe dieser
Marmorsteine.

te Chorgestühl. In der Sakristei werden ein kostbarer Silberaltar und ein von Kaiserin Maria Theresia gestiftetes Meßgewand verwahrt. (Erneute Renovierung 1964 – 1966 und 1995 – 1997). Die Pfarrkirche erhebt sich wenige Schritte außerhalb des Schlossplatzes. Sie ist ein Bauwerk aus dem 14. Jahrhundert, im Jahre 1698 im Barock neu umgebaut. Beachtenswerte Dachstuhlkonstruktion und Hochaltar von 1708. Die Kirche wurde 1955, 1985 und 2005 renoviert. Zwischen Stiftskirche und Pfarrkirche lag der frühere Berchtesgadener Friedhof, heute Graf-Berengar-Platz. Das Nonntal, das nördlich abschließt, zeigt verschiedene Häuser im alten alpenländischen Stil sowie das ehemalige Kanzlerhaus. Die Häuser sind teilweise in die Felsen des Locksteins gebaut.

Die Franziskanerkirche, früher Frauenkirche am Anger, wurde als zweischiffiger Hallenbau im 16. Jahrhundert erbaut. Spätgotisches Netzgewölbe, Grabmäler, barocke Marienkapelle. Der barocke Turm ist aus Berchtesgadener Marmor erbaut. Renoviert 1993 – 1994.

Die Franziskanerkirche am Franziskanerplatz.

Berchtesgadener Friedhof an der Nordseite der Franziskanerkirche. Memorialgrab des Händlers Anton Adner, Berchtesgadener Original, der 117 Jahre alt wurde. Urne des Dichters Richard Voß und die Grabstätte seiner Romanheldin „Judith Platter“ (Moritz Mayer) in „Zwei Menschen“.

Neuer Friedhof und Soldatenfriedhof an der Schönauer Straße, nähe Hauptbahnhof.

Kgl. Schloss-Museum

Das frühere Augustiner-Chorherrenstift, das später zum Kgl. Schloss wurde, war Konvent und fürstpröpstliche Residenz. Die einzelnen Trakte entstanden in verschiedenen Jahrhunderten, die ältesten unter ihnen wurden im 13. und 14. Jahrhundert errichtet. Jüngster Teil ist der Westflügel aus dem 18. Jahrhundert. Nach der Säkularisation von 1803 gingen die Stiftsgebäude in die Hände der Wittelsbacher über und sie dienten zum Teil den bayerischen Königen als Sommeraufenthalt; 1923 kam das Schloss an den Wittelsbacher Ausgleichsfond. Besonders oft weilte Kronprinz Rupprecht im Schloss Berchtesgaden, und seiner Initiati-

Christkindlmarkt auf dem Schlossplatz in Berchtesgaden

ve ist es zu danken, daß die fürstlichen Räume, deren Stilzugehörigkeit von der Gotik bis zum Biedermeier reicht, in würdigen Zustand versetzt und mit den Kunstschätzen der Wittelsbacher ausgestattet wurden. Ein Teil des Schlosses ist für gelegentliche Aufenthalte von Mitgliedern des Hauses Wittelsbach bestimmt, der größte Teil ist jedoch zur Besichtigung freigegeben.

Durch den spätromanischen Kreuzgang, an der Ostseite des Schlosses, führt der Weg in das Schloss. Der Kreuzgang ist, wie wenig andere, ausgezeichnet erhalten. Er ist das älteste Bauwerk von Berchtesgaden. An den Innenseiten und auf dem Fußboden befinden sich Grabplatten ehemaliger Fürstpröpste und Stiftsherren. Die Säulen und Kapitel sind vielgestaltig und fantasiereich geformt, die symbolischen Darstellungen sind in hervorragendem Zustand. Romanischer Löwe am Eingang zur Martinskapelle, Ostflügel. Der kleine Innenhof ist erfüllt von einer Atmosphäre der Versunkenheit und Stille. Vom Kreuzweg führt der Weg über eine Treppe in das Schlossmuseum. Die Bezeichnung „Museum" ist zu nüchtern und „museal" für das, was sich dem Besucher offenbart. Es ist vielmehr eine geglückte Vereinigung von historischen Räumen, bedeutenden Kunstwerken und Kunstschätzen. Es scheint noch etwas lebendig von Mönchskultur, vom Geist der Künstler wie vom Sammeleifer des Kronprinzen Rupprecht, der Ruf und Namen als Kunstkenner hatte. Den Eingang bildet das ehemalige Dormitorium der Mönche, eine in eleganter Spätgotik gestaltete Halle, in der Bildwerke großer bayerischer Künstler der Gotik versammelt sind. Hervorragend sind die Plastiken von Erasmus Grasser und Veit Stoß, von hohem künstlerischen Wert ist das Chorgestühl aus dem Kloster Weingarten, von dem Konstanzer Künstler Iselin geschaffen. In langer Reihe folgen die ehemaligen Konventräume, die teils mit edlen Renaissancemöbeln oder barocken Einrichtungsgegenständen ausgestattet sind. Eine große Waffensammlung ist untergebracht. Die Porzellansammlung aus den bayerischen Manufakturen enthält einige der berühmtesten Bustelli-Figuren aus der commedia del'arte. Über das festliche barocke Treppenhaus werden die Räume aus dem 17. und 18. Jahrhundert erreicht und auch diese barocken Räume, in welchen die Fürstpröpste residiert hatten, sind mit Möbeln,

Gobelins und Kunstgegenständen wertvollster deutscher und französischer Arbeit eingerichtet. Im Speisesaal ist eine Tafel mit kostbarem Nymphenburger Porzellan gedeckt. Eine weitere Zimmerflucht ist mit Biedermeier- und Empiremöbeln eingerichtet, hier befindet sich auch eine beachtliche Gemäldesammlung, Bilder deutscher Romantiker. Der Rundgang endet in einer Gartenterrasse. Ein kleines Rosengärtchen enthält einen bezaubernden florentinischen Brunnen, und angesichts der Berge entsteht ein Eindruck besonderer Schönheit.

Heimatmuseum Schloss Adelsheim

Berchtesgadener Kunstausstellung, Berchtesgadener Handwerkskunst. – 1968 wurde das Heimatmuseum im Schloss Adelsheim anstelle des alten Museums an der Schießstättbrücke eröffnet. In diesem neuen Museum ist alles, was einmal Gültigkeit im Berchtesgadener Land hatte, erfaßt, denn viele Erinnerungen an das ehemalige Augustiner-Chorherrenstift von Berchtesgaden sind erhalten, ebenso an das bayerische Königshaus, ferner an das Bürgertum, an bäuerliches Gut, an Trachten und die berühmte Berchtesgadener Handwerkskunst. – Schloss Adelsheim wurde durch den Stiftsdekan Degenhart Neuchinger im Jahre 1614 erbaut. Es stellt einen repräsentativen Baukörper der Spätrenaissance vor, der von salzburgischen Stilelementen beeinflußt ist. Auf Neuchinger folgten nacheinander zwei Stiftskanzler als Eigentümer, 1711 erwarb die Holzwarenverlegerfamilie Krueger das Gebäude, deren Söhne und Enkel zu Hofräten und Walddirektoren am fürstpröpstlichen Hof in Berchtesgaden avancierten. 1795 kam Schloss Adelsheim an das Stift, wurde vorübergehend Salinenamt, 1803 nach erfolgter Säkularisierung des Stiftes Zufluchtsort des letzten Berchtesgadener Fürstpropstes Josef Conrad von Schroffenberg. Später ging das Gebäude in private Hände über, darunter auch an den Holzwarenverleger Wallner, der bereits im vergangenen Jahrhundert im Schloss Adelsheim ein Museum eingerichtet hatte. Später wechselte das Haus wieder seine Besitzer, bis es 1958 an eine Baugesellschaft überging, um daraufhin bald zu verfallen. 1962 wurde Adelsheim, das sich nun in vollkommen ruinösem Zustand befand, durch den Landkreis Berchtesga-

Das Heimatmuseum in der Schroffenbergallee

den erworben, von Architekt Georg Zimmermann restauriert und als Museum eingerichtet. Heute stellt Schloss Adelsheim eines der bedeutendsten bayerischen nicht-staatlichen Museen dar. – Sehenswert ist die schöne Eingangshalle, der Innenhof, die Aufgänge, die Küche mit Rauchkutte und Kesselgalgen, das Schroffenbergzimmer mit den Elfenbeinschnitzereien, die Trachten, ferner die Kapelle, die eingebaute Bauernstube mit anschließender Schlafkammer, die Skulpturen, Bilder sowie die Sammlungen auf dem Gebiet der Berchtesgadener Handwerkskunst, Gegenstände, die an die Zünfte erinnern und vieles andere. Schließlich ist im Schloss Adelsheim auch ein Verkaufsraum der Berchtesgadener Handwerkskunst untergebracht. Diese mannigfache und viel zitierte Volkskunst konnte in vielen Zweigen erhalten werden. Man findet die typischen Berchtesgadener Spanschachteln in allen Größen, Formen und Bemalungen, Spielzeug, Holzteller, Leuchter, Räuchermännchen, bäuerliche Engelleuchter, Model, Hoheitskutschen, Flurgarnituren, Spansterne, Wachsgebilde und Keramik.

Salzbergwerk Berchtesgaden

Die Anfänge des Salzbergbaus in Berchtesgaden reichen bis in das 12. Jahrhundert zurück. Das Salzbergwerk wurde im Jahre 1517 durch Fürstpropst Gregor Rainer gegründet. Es steht seither ohne Unterbrechung in Betrieb. Das Abbaugebiet des Salzbergwerkes umfaßt die Salz- und Solegrubenfelder Berchtesgaden und Bad Reichenhall. Charakteristisch für den alpinen Salzlagerstättentyp, der im Perm/Trias vor etwa 240 Mio. Jahren entstanden ist, ist seine heterogene Ausbildung. In dem mit dem Sammelbegriff Haselgebirge bezeichneten Salzgestein ist das Salz als Hauptmineral in fein verteilter Form enthalten. Neben dem Steinsalz sind im wesentlichen noch die Minerale Ton, Anhydrit und Polyhalit vertreten. Die Salzführung in dem Berchtesgaden-Bad Reichenhaller Salzvorkommen beträgt durchschnittlich 50%. Der söhlige Aufschluß der Abbausohlen erfolgt durch Richt- und Querstrecken, die mit Streckenvortriebsmaschinen aufgefahren werden. Die jeweilige Abbausohle wird in einzelne rechteckige Abbaufelder unterteilt, in denen jeweils acht Gewinnungsbetriebspunkte (Bohrspülwerke) eingerichtet werden können. Voraussetzung für eine wirtschaftliche Gewinnung der heterogen ausgebildeten Salzlagerstätte sind:

- die Anwendung des „nassen Abbaus“, also die Herauslösung des in fein verteilter Form vorliegenden Salzes mittels Süßwasser.

– ein Mindestsalzgehalt im Gebirge von 35 bis 38% NaCl

– ein vor Abbaubeginn hergestellter Reaktionshohlraum (Initialhohlraum) mit bestimmter Grösse. Die Initialhohlräume werden mit dem neu entwickelten Bohr- und Spülverfahren hergestellt.

Die Solegewinnung erfolgt nach dem Sinkwerksverfahren. Der Reaktionshohlraum wird langsam mit Süßwasser gefüllt. Das Salz wird herausgelöst. Die in dem breccienartigen Salzgestein enthaltenen unlöslichen Bestandteile sinken als Laist zu Boden und setzen sich auf der Sohle des Hohlraumes ab. Bei gleichzeitiger Einleitung von Süßwasser an der Decke (am Hangenden) wird rd. 2m unter dem Hangenden durch eine Pumpe gesättigte Sole abgezogen. Der Abbau schreitet täglich um 1cm nach oben fort. Das Bohrspülwerk steht bei einer nutzbaren Abbauhöhe von rd. 100 m dreißig Jahre in Betrieb. Die im Salzbergwerk Berchtesgaden gewonnene Sole wird über eine 19km lange doppelsträngige Rohrleitung über den Paß Hallthurm zur Saline Bad Reichenhall gefördert. Dort wird sie zu Siedesalz verarbeitet. Die jährliche Soleförderung liegt derzeitig bei ca. 550000m^3.

Früher, als Berchtesgaden noch Fürstpropstei war, durften nur Auserwählte das Salzbergwerk besichtigen. Heute steht diese Schatzkammer jedem offen und der Besuch bleibt ein unvergeßliches Erlebnis. Jährlich fahren über 500000 Besucher ins Bergwerk ein, übrigens in derselben Schutzkleidung nach der Art der alten Bergmannstracht, die schon Könige und Fürsten bei der Einfahrt trugen. Ein Bergmann führt Sie durch die faszinierende Welt unter Tage: Sie werden unwillkürlich in eine andere Zeit versetzt. Mit der Grubenbahn fahren Sie im Reitsitz durch einen 600m langen Stollen ins Kaiser-Franz-Sinkwerk, einer gewaltigen Halle mit einer Deckenfläche von 3000 m^2. Von hier gehen Sie entweder zu Fuß oder – was noch viel schöner ist – Sie gleiten über eine von ungezählten Bergmannshosen glattpolierte Rutsche 34 m hinab zur nächsten Station, einer wunderschönen Salzgrotte. In der Grotte werden Sie staunen, wie herrlich die transparenten Farben des Steinsalzes leuchten. Nur ein paar Schritte weiter nimmt ein lehrreicher Film über die Entstehung der Salzlagerstätten und die Gewinnung des Salzes Ihre Aufmerksamkeit in Anspruch. Dann geht die Führung weiter: Mit einer Vielzahl von Maschinen und Geräten wird die bergmännische Arbeit dargestellt. Im Salzmuseum finden Sie unter anderem eine Chronik des Salzbergwerkes, historisches Werkzeug und Geleucht, Gesteine und Mineralien und eine Erdgezeitenstation. An einem alten Handgöpel vorbei kommen Sie über eine zweite Rutsche hinab zu dem 100 x 30 m großen, beleuchteten Salzsee. Mit einem Floß gleiten Sie über den See und gelangen durch eine funkelnde Grotte zur berühmten Solehebemaschine des Königlichen Oberberg- und Salinenrates Georg von Reichenbach aus dem Jahre 1817.

Dann geht es mit einem Schrägaufzug bergauf zu einem mit herrlichen, alten Sinkwerkstafeln geschmückten Stollen und weiter zur Grubenbahn, die Sie in rascher Fahrt wieder ans Tageslicht bringt.

Besichtigungszeiten:
1. Mai - 15. Okt. täglich von 9.00 - 17.00 Uhr; 16. Oktober - 30. April täglich von 11.30 - 15.00 Uhr, am 1.1., Faschingsdienstag, Karfrietag, Pfingstmontag, Allerheiligen, 24., 25. und 31.12. geschlossen.

Obersalzberg

Nordöstlich vom Markt Berchtesgaden erstreckt sich auf halber Höhe zum Kehlstein in 1000 m der Obersalzberg. Bis 1934 war diese Siedlung ein beliebter Fremdenort mit hübschen Landhäusern und alten Bauernlehen. Von dem Kaufmann Winter aus Buxtehude pachtete 1923 Adolf Hitler das an der Straße gelegene „Haus Wachenfeld“. Im Jahre 1934 ging es mitsamt dem unterhalb der Straße gelegenen „Freidinglehen“ in seinen persönlichen Besitz über, wärend das gesamte Gebiet des Obersalzbergs dem späteren „Reichsleiter“ Martin Bormann übereignet und zum sogenannten „Führergebiet“ erklärt wurde. Ein 34 Kilometer langer und 2 Meter hoher Drahtzaun schloß ein Gebiet von 10 Quadratkilometern ein. Innerhalb dieses Sperrgebietes waren weitere Sicherungsbezirke, die nur mit Sonder-

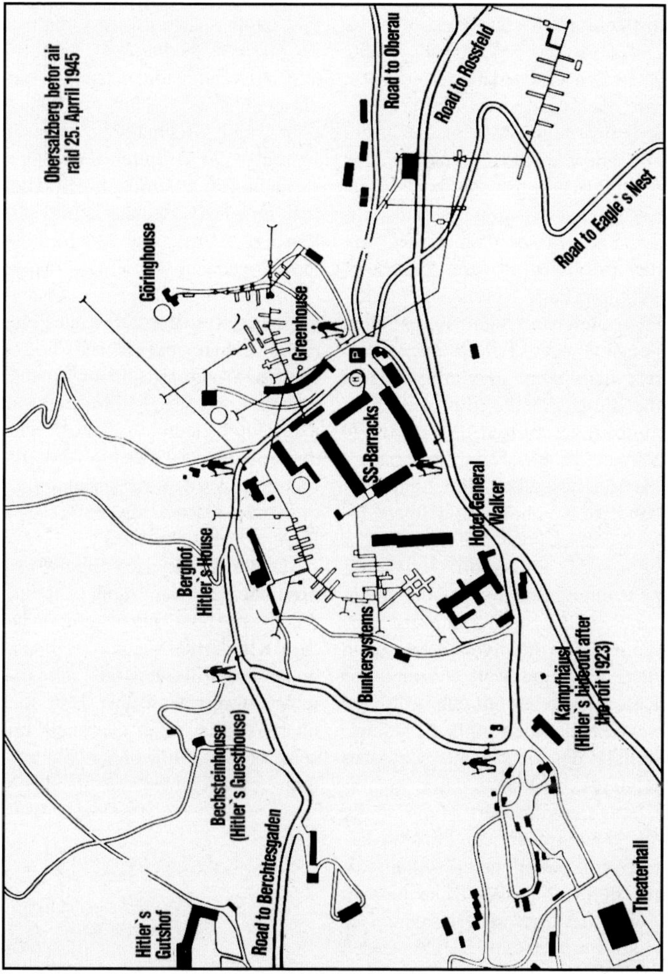
Obersalzberg befor air raid 25. Aprril 1945
Göringhouse
Road to Oberau
Road to Rossfeld
Road to Eagle`s Nest
Greenhouse
SS-Barracks
Hotel General Walker
Berghof Hitler`s House
Bunkersystems
Kampfhäusl (Hitler`s hideout after the roit 1923)
Bechsteinhouse (Hitler`s Guesthouse)
Road to Berchtesgaden
Hitler`s Gutshof
Theaterhall

ausweisen betreten werden durften. Die ansässige Bevölkerung mußte 1936 den Obersalzberg verlassen, ihre Wohnstätten wurden größtenteils abgetragen. Mit einem Kostenaufwand von angeblich einer halben Milliarde Reichsmark wurde dann der Obersalzberg ausgebaut. Anstelle des Hauses „Wachenfeld" trat der um vieles größere „Berghof", mit dem zum Untersberg gerichteten und von einem riesengroßen Fenster charakterisierten Konferenzraum. Vom „Berghof" war noch die Garagenmauer (mit Fensteröffnungen, geschliffen 1995) und die Stützmauer zum Hang (davor stand das Haus) sichtbar. Unmittelbar neben dem Berghof, im heutigen Hotel „Türken" war die Zentrale der geheimen Staatspolizei (Gestapo) untergebracht. Auf der anderen Seite der Straße hatte sich Bormann im vormaligen Kinderheim Seitz niedergelassen, während das Kasernengeviert mit unterirdischen Schießhallen den großen Platz unterhalb des heutigen Parkplatzes Hintereck einnahm. Hier war eine mehrere hundert Mann starke Wachmannschaft der Leibstandarte „Adolf Hitler" untergebracht. Eine 10000 qm große Fläche auf dem Eckerbichl erwarb Hermann Göring vom Forstamt Berchtesgaden und baute sich dort ein Landhaus im oberbayerischen Stil. In östlicher Richtung zum Rossfeld hin, entstanden die Siedlungen „Klaushöhe" und „Buchenhöhe" für die Familien der Beamten und Angestellten. Einen großzügigen Umbau in ein Gästehaus erfuhr die Pension „Moritz", die auch „Platterhof" genannt wurde. Das riesige Hotel diente während des Krieges als Lazarett, später fiel es der Plünderung anheim und erst 1952 ließ es die US-Armee mit einem Kostenaufwand von vier Millionen Mark als „Hotel General Walker" wieder aufbauen (1995 schloß das Hotel; 1996 wurden die gesamten requirierten Flächen an den Freistaat Bayern zurückgegeben).

Auf der Straße nach Berchtesgaden unterhalb der Straßeneinmündung zum Hitlerhaus hatte man die, dem Klavierfabrikanten Bechstein gehörende Villa ebenfalls als Gästehaus eingerichtet, das dann aber hauptsächlich Josef Goebbels mit seiner Familie bewohnte. Ein modern eingerichteter Gutshof diente

Der ehemalige Platterhof (Hotel General Walker) 1995, Abriss 2001.

Untersberg

der Bewirtschaftung der umliegenden Felder und der Viehzucht (Haflingerpferde).

Im Baumgartenfeld schließlich baute sich noch Speer, dem das Waltenbergerheim gehörte, ein Atelierhaus und unweit davon besaß Rudolf Hess ein Wohnhaus. Neben diesen hauptsächlichen Bauten gab es noch eine Reihe weiterer Gebäude, wie etwa einen Teepavillon auf dem Mooslahnerkopf, Gewächshäuser, Heizwerke, Kohlenbunker, Bienenhäuser, Kinohalle usw. Erstaunlich ist das D-Haus auf dem Kehlsteingipfel mit unterirdischem Stollenzugang und Liftanlage in das Hausinnere. Ein ausgedehntes Straßennetz am Obersalzberg und zum Kehlstein ist größtenteils erhalten geblieben. Einem Luftangriff der Alliierten am 25. April 1945 widerstand die modern ausgestattete und von allen wichtigen Häusern zugängliche Bunkeranlage, es gab nur wenige Tote. Göring war um diese Zeit als Häftling des Sicherheitsdienstes auf dem Obersalzberg. Bei der Bombardierung wurde der Wirtschaftsflügel des Berghofes erheblich beschädigt, während der Hauptbau lediglich an der Giebelseite Schäden auf-

Der Berghof nach der Bombardierung im April 1945

wies. Beim Einmarsch der Alliierten versuchten SS-Einheiten das Gebäude zu sprengen, aber die Zerstörung gelang nicht. Auf Anordnung der Bayerischen Regierung mußten 1952 sämtliche an die „Hitlerzeit" erinnernden Baulichkeiten und Ruinen, mit Ausnahme des Gutshofes, des Platterhofes, der Siedlungen Klaushöhe und Buchenhöhe sowie des Kehlsteinhauses, abgetragen und das gesamte Gebiet wieder aufgeforstet werden. Die US-Armee nutzte bis September 1995 den Obersalzberg als Erholungsort für die US-Army. Neben dem Gutshof und dem Hotel „General Walker" wurden mehrere Skilifte gebaut. Der 9-Loch Golfplatz beim Gutshof ist Deutschlands höchstgelegener. Die Landkreisverwaltung hat am Hintereck und neben der Nordauffahrt der Rossfeldstraße ausgedehnte Parkplätze errichtet. Beide sind Ausgangspunkt für Busfahrten zum Kehlstein. 1999 wurde der Platterhof, der Eckerbichl der Gutshof und der Golfplatz (im Winter Skigebiet Obersalzberg) an die halbstaatliche Firma Gewerbegrund veräußert. Die Errichtung eines Luxushotels am Eckerbichl, der Abriß des Platterhofes und die Verlegung der Busabfahrtsstelle zum Kehlsteinhaus sind bereits erfolgt. Auf dem Keller des ehemaligen Partei-Gästehauses unterhalb des Platterhofes entstand 1999 die Dokumentation Obersalzberg zur Orts- und Zeitgeschichte, welche 2005 erweitert wurde.

Der Kehlsteingipfel, im Hintergrund der Watzmann. Das Kreuz wurde vom Gebirgstrachtenerhaltungsverein „D'Kehlstoana" aufgestellt.

Rossfeldstraße

Die Rossfeld-Höhenringstraße, wie die amtliche Bezeichnung lautet, ist zwar keine Sehenswürdigkeit im Sinne einer historischen Straße, aber die Großartigkeit der Anlage, verbunden mit dem besonderen Naturerlebnis rechtfertigt, sie als besonders sehenswert einzustufen. Die Straße ist schon während des 2. Weltkrieges im Zuge der Bautätigkeit auf dem Obersalzberg teilweise entstanden und sollte vermutlich als Ausflugsstraße, ähnlich wie die Straße auf den Kehlstein, der Reichsregierung vorbehalten bleiben. Da nach dem Krieg das Parteivermögen dem Bund zukam, wurde auch die Straße Eigentum des Bundes. Der damalige Landrat von Berchtesgaden, Th. Jacob, erkannte die Zugkraft des Objektes für den Fremdenverkehr und konnte den Bund dazu gewinnen, die Straße Zug um Zug auszubauen. Sie ist heute die einzige Privatstraße des Bundes, die Errichtung und Erhaltung wird ausschließlich von den Benutzungsgebühren bestritten. Das Straßenbauamt Traunstein sorgt für eine ganzjährige Befahrbarkeit, denn im Winter ist das Rossfeld ein sehr beliebtes Skigebiet. Die technischen Daten der Straße: 16,9 km lang, davon 1,5 km auf österreichischem Hoheitsgebiet (Scheitelstrecke), größte Steigung 13%. Bei einem Höhenunterschied von etwa 1000 Metern wird auf der Scheitelstrecke eine Gesamthöhe von ca. 1550 m erreicht. Anfahrt entweder von Berchtesgaden nach Obersalzberg oder von Unterau nach Oberau. Dort zweigt sie von der B 319 ab und führt in großen Schleifen über Gmerk (Mautstelle Nord und Winterdienststützpunkt) zum Rossfeld und wieder hinab zum Obersalzberg (Mautstelle Süd und Winterstützpunkt) und erreicht beim Parkplatz Resten am Obersalzberg wieder die B 319. Es sind ausreichende Parkplätze vorhanden, besonders auf der Scheitelstrecke.

Dort sollten sie Ihr Fahrzeug abstellen und einen kleinen Spaziergang unternehmen. Die Aussicht ist nach allen Seiten frei, angefangen von Salzburg, Hallein, die Werfener Berge, dahinter der meist schneebedeckte Dachstein, im Süden unmittelbar aufsteigend der Ho-

An der Scheitelstelle der Rossfeldstraße, Blick auf den Eckerfirst mit dem Purtschellerhaus und die Ostabstürze des Hohen Gölls.

Hoher Göll
Purtschellerhaus
Mannlgrat zum Kehlstein

he Göll mit den steilen Nord-Ost-Wänden. Im Berchtesgadener Land reicht der Blick vom Kehlstein zum Watzmann, Hochkalter, Reiteralpe, Lattengebirge und – wieder etwas näher – zum Untersberg. An schönen Tagen jedenfalls ein herrliches Naturerlebnis.

Auf der Rossfeldalm werden im Sommer etwa 60 Stück Vieh aufgetrieben und in der Rossfeldalm untergebracht, im Winter herrscht Skibetrieb, die drei Skilifte sind vom ersten Schneefall im November bis in den März hinein in Betrieb.

Zwei Berggasthäuser, die Rossfeldskihütte und die Ahornalm, sind ganzjährig bewirtschaftet und laden zum Verweilen ein.

Königssee – Obersee

Ab Berchtesgaden Hauptbahnhof Autobusverbindung, Bundesstraße, Königsseer Fußweg, Straße über Unterstein. Fahrt ca. 12 Minuten, Gehzeit 1 Stunde von Berchtesgaden.

Berchtesgaden – Königssee, die beiden Begriffe sind nicht von einander zu trennen. Es gibt wohl niemand, der hierher käme, ohne den Königssee zu besuchen. Er ist die Krönung im schönsten Sinne des Wortes. Dichter haben ihn besungen, Maler haben ihn in ihren Werken verherrlicht, unzählige Male wurde er fotografiert. Tausende und Abertausende kommen jedes Jahr – nichts hat der See von seinem Zauber, seiner Anziehungskraft, seiner Wirkung verloren.

Der Königssee ist 8 Kilometer lang, die breiteste Stelle beträgt 1800 Meter. Der Wasserspiegel liegt 602 ü NN, die maximale Seetiefe ist 240 Meter, die Gesamtfläche berechnet sich auf 526 Hektar und der Wasserinhalt wird auf etwa 500 bis 600 Millionen Kubikmeter geschätzt. Wegen der großen Tiefe bleibt das Wasser auch im Hochsommer kalt. Am Nordufer gruppieren sich Hotels, Gaststätten, Schiffshütten und Bootsstege. Die Insel Christlieger schließt den Vorsee ab. Nach einer grünen Bucht öffnet sich der See, zwischen Steilwand und Felswände gelagert. Dunkelgrün glänzt das Wasser, und im glatten Spiegel erstrahlt das Bild der Berge. Rechts schießt die Falkensteiner-Wand in die Tiefe, links buchtet sich der Malerwinkel und der Königsbachfall rauscht hernieder. Am westlichen Ufer erscheint die Echowand, die einen siebenfachen Widerhall gibt; die Bootsführer blasen eine ländliche Weise. Die Haltestelle Kessel ist Ausgangspunkt für die Besteigung der Gotzenalm. Ein Reitweg, von König Max II. angelegt, führt in weit ausholenden Kehren aufwärts. Der See erreicht allmählich seine breiteste und auch tiefste Stelle. Inzwischen haben sich die Watzmannwände vorgeschoben und das Auge irrt über Felssturz, Schlucht und jähe Wände, um den Weg der Bergsteiger zu suchen, die über Bänder, Kamine und steile Felswände in die Höhe klettern. Die Halbinsel St. Bartholomä ist ein Werk des Eisbaches, der unermüdlich Gesteinsmassen heranbringt und sie immer weiter in den See vorschiebt. Schon 1134 wurde die „Basilica Chunigesee" eingeweiht, eine hölzerne Waldkapelle, die später in ein gotisches Gotteshaus umgewandelt wurde. St. Bartholomä war ein berühmter Wallfahrtsort, zu dem die Menschen übers Steinerne Meer gestiegen kamen oder mit Schiffen hinruderten. Die heutige Gestalt erhielt die Kirche im 17. Jahrhundert, auch das Jagdschloss (heute Gasthaus), erhielt damals seine Prägung. Die kleine Siedlung besteht außer diesen beiden Gebäuden noch aus Fischer- und Jagdhaus. Auf der Halbinsel wurde von der Nationalparkverwaltung 1978/79 ein neuer, sehr aufschlußreicher Rundwanderweg angelegt. St. Bartholomä ist der Ausgangspunkt für Touren ins Steinerne Meer, hier ist der bequemste Aufstieg zum Funtensee (4 – 5 Std.). Ein landschaftlich schöner Weg führt in etwa 1,5 Std. zur Eiskapelle. Er quert die Au und steigt dann allmählich an. Im Wald steht die Kapelle St. Johann und Paul, von der die Sage berichtet, nachts träfen sich hier die „Untersbergmandl" (eine Art von Zwergen), um die Messe zu hören. Immer großartiger entfaltet sich die Watzmann-Ostwand, erschaudernd steht man vor den Riesenwänden. Die Eiskapelle ist im Winter 1974 -75 durch einen gewaltigen Felssturz völlig zerstört worden. Erst im Laufe der Jahre wird das unter

Blick vom Malerwinkel über den Königssee. Kleines Bild: Der Obersee.

Funtenseetauern
Schönfeldspitze
St. Bartholomä
Archenkanzel

Eingestürzte Eiskapelle am Fuße der Watzmann-Ostwand

Schnee und Eis abfließende Wasser an der Austrittsstelle eine neue Eiskapelle formen. Setzen wir unsere Fahrt fort. Jäh richtet sich die Burgstallwand auf. Kurz darauf wird der Schrainbachfall sichtbar, der aus einer wilden, unzugänglichen Klamm kommt, durch einen natürlichen Felsbogen braust und sich in den See ergießt. Am Ostufer befindet sich eine Erinnerungstafel an den Prinzregenten Luitpold. Der südliche Teil des Königssees wir durch den Nordabsturz des Steinernen Meeres, die Sagereckerwand, abgeriegelt. Ein schmaler Steig windet sich empor zur Sagereckeralm. Gut zehn Minuten von der Bootshaltestelle Sallet geht man zum Bergumschlossenen Obersee (50m tief, 2km lang, Wasserinhalt 25 Millionen Kubikmeter). Der Blick ist schön, im dunkelgrünen, kristallklaren Wasser spiegelt sich die großartige Felsumrahmung. Vom anderen Ufer grüßt die Fischunkelalm herüber, die in 45 Mi-

St. Bartholomä
mit Watzmann-Ostwand

Watzmann-Ostwand

nuten auf kühnem, aber versichertem Felspfad erreicht werden kann. Im Hintergrund sieht man den 470 Meter hohen Wasserfall des Röthbaches, darüber erheben sich als Krönung die beiden Teufelshörner.

Hintersee-Zauberwald

Ab Berchtesgaden Omnibusverbindung, sowie Bundesstraße Berchtesgaden - Ramsau nach Hintersee. Fahrzeit ca. 40 Min., zu Fuß von Berchtesgaden 2 - 3 Std., von Ramsau 1 Stunde. Rund um den Hintersee herrlicher Fußweg, fast immer eben. Etwa 1 Stunde. Nicht erhaben wie der Königssee, nicht weltabgeschieden wie der Obersee, nein, freundlich ist der Hintersee. Wohl erheben sich auch hier hohe Berge, im Osten steigt mit einem dunklen Waldmantel der Hochkalter zu großer Höhe, und im Westen stürmen die glatten Felswände der Reiteralpe empor und mit Pfeilern, Türmen und scharfen Kanten baut sich die Gruppe der Mühlsturzhörner auf. Doch sanfter wellt sich das Gebirge im Norden, und aus dem Süden, dem großen Waldtal, strömt das Licht. Die flachen Ufer mit den romantischen Felsblöcken und Waldpartien, die Aulandschaft im Süden nehmen dem See, der 50 - 60m tief ist, das Ernste, Bedrohliche. Der fischreiche See wurde früher Förchensee (von Forellen)

Linkes Bild: Das Ramsauer Tal mit der Reiteralpe.
Rechtes Bild: Der Hintersee mit dem Hochkaltermassiv.

len Windungen und Biegungen, zwischen uralten Bäumen gelangt der Weg bei der Marxenklamm schließlich wieder auf die Hauptstraße. Beachtenswert noch die Marxenklamm. Etwa 5 m vor der Hauptstraße ist eine kleine Brücke, von der man den Weg des Wassers durch eine hohe Schlucht beobachten kann. Fast noch schöner ist es, den Zauberwald von der Marxenbrücke aus nach Hintersee zu begehen. – Westlich vom Hintersee ist es nicht weit zur Halsalm. Die weißgekalkte Kaserwand blinkt aus einer grünen Weidenmulde. Läuten im Sommer hier die Almglocken, so ertönt im Herbst der Brunftschrei der Hirsche. – Ein schöner und nicht schwieriger Aussichtsberg ist der Wartstein. Das ganze Hinterseer und Ramsauer Tal liegt von dort aus gesehen offen da, machtvoll erheben sich die Berge. Am besten auf der Fahrstraße zum Zulehen, dort rechts abbiegen.

genannt, er war auch ehedem viel größer. Berühmt ist die Göllspiegelung, die infolge der großen Entfernung des Berges eine Merkwürdigkeit darstellt. Fast ein Wunder, wenn die Röte des Alpenglühens aus dem grünen See steigt. Mehrere Hotels und Pensionen liegen am See oder in Seenähe. Durch den Zauberwald sucht sich die Ramsauer Ache vom Ostufer des Sees in rauschenden Stürzen ihren Weg ins Ramsauer Tal. Fast alle, die den Hintersee besuchen, wählen diesen Fußweg durch den Zauberwald. Vorbei an überhängenden Felsblöcken, in vie-

Ramsau Wimbachklamm – wild und herrlich, bequem erreichbar – nicht beschwerlich.

Wimbachklamm Wimbachtal

Ein beliebter Ausflug! Von der Bus-Haltestelle Wimbachbrücke in der Ramsau zweigt der markierte Weg ab, er steigt zuerst bis zum Wimbachlehen an, dann führt er in die Klamm. Eine kleine, kurze Klamm, die jedoch durch ihre schönen Felspartien mit Schleierwasserfällen überrascht. Hinter der Klamm beginnt das Wimbachtal, ein gewaltiges Hochtal von feierlicher Öde und großartiger Felspracht. Die erste Station, das bewirtschaftete Wimbachschloss – ein ehemaliges Jagdschloss der Fürstpröpste – ist ohne größere Steigung in einer guten Stunde zu erreichen. Hier ist schon ein Überblick gegeben. Kurz vor dem Wimbachschloss ist die Quellfassung für die Trinkwasserversorgung des Marktes Berchtesgaden. Das Tal war ehedem ein See wie der Königssee, heute wird es ausgefüllt von riesigen Schuttströmen, die die Wildbäche anschwemmen. Im Hintergrund steht das groteske Paar der Palfenhörner; rechts steigt der Hochkalter empor, links erhebt sich die Watzmann-Westwand. Im weiteren Verlauf des Wimbachtales enthüllt sich die gewaltige Felsenszenerie immer mehr und man gelangt nach weiteren 2 Std. (im ganzen 3 !) zur bewirtschafteten Wimbachgrieshütte (Übernachtungsmöglichkeit). Eine alpine Seltenheit ist die Spirke, eine aufstehende Latschenart (westalpin).

In der Wimbachklamm

Almbachklamm

Die wilden Bergwasser des Untersberges haben zwischen Kneifelspitze und Ettenberg einen mühsamen Weg zu durcheilen, ehe sie in das Bachbett der Berchtesgadener Ache münden. Tiefe Schluchten hat der Almbach eingegraben und selbst hartes Gestein wurde durch mitführendes Geröll so lange ausgehöhlt und ausgewaschen, bis das Tal erreicht war. Bayerische Pioniere bauten 1894 einen Weg durch die 3km lange Klamm, wobei das Gefälle von 200 Meter mehr als 320 Stufen, 1 Tunnel, 168 m Nischenwege und 29 Brücken erforderlich machten. Der vorzüglich abgesicherte Weg führt abwechselnd an den Ufern des Almbaches entlang. Bei den „Holztriften" wurden bis 1963 durch die Almbachklamm Baumstämme befördert. Zu diesem Zweck erbaute man 1836 am oberen Teil der Klamm eine 14 m hohe, 6 m breite und 17 m lange Staumauer, die man zu Ehren der bayerischen Königin Therese, der Gemahlin Ludwig I., „Theresienklause" benannte. Während der obere Teil der Almbachklamm noch einigermaßen breit ist, wirkt die Schlucht nach dem zierlichen „Sulzerwasserfall"

Die Theresienklause am Beginn der Klamm.

Wallfahrtskirche Ettenberg

beengend. Oft nur zwei bis drei Meter ist das Bachbett breit, von darüberführenden Holzstegen kann man auf den um so tieferen Grund sehen. Am unteren Eingang der Klamm steht das Gasthaus Kugelmühle mit einer alten Marmorschleiferei, die heute noch in Betrieb ist und besichtigt werden kann. Die Durchwanderung der Almbachklamm bis in die Hintergern erfordert insgesamt 1½ Std., schöne Halbtagstour. Im Juni 1998 wurde bei einem starken Unwetter in Maria Gern, speziell am Untersberg, die Klamm zerstört. Geröll und Muren von den Untersbergwänden verlegten das Bachbett oberhalb der Theresienklause, Brücken und Wegeanlagen in der Klamm wurden weggerissen. Durch großen finanziellen und personellen Aufwand konnte zur Saison 1999 die Klamm wieder eröffnet werden.

Wallfahrtskirche Ettenberg vor dem Untersberg

Schellenberger Eishöhle im Untersberg

Die Schellenberger Eishöhle im Untersberg ist die größte erschlossene deutsche Eishöhle (1570 m ü.d.M.). Die Höhle ist je nach Witterung von Mitte Mai bis Oktober zugänglich und auf einem gut angelegten, gefahrlosen Weg in einer Gehzeit von 3 Std. leicht zu erreichen. Der gut markierte Weg (blau-rot) führt vom ehemaligen Schellenberger Mautturm (direkt an der B 305, Parkplatz) über den Bachkaser in 1¾ Std. zur Jagdhütte Mitterkaser. Von hier in 1 Std. auf landschaftlich sehr schönem Gebirgssteig zur bewirtschafteten Toni-Lenz-Hütte, von dort in einer Viertelstunde zur Höhle. Die Höhle kann gefahrlos begangen werden. Die Führung erfolgt auf gut gangbaren Holztreppen, warme Kleidung ist erforderlich.

Untersberg

Fünf Gemeinden

Die fünf Gemeinden gehören zum Landkreis Berchtesgadener Land. Die Gemeindegrenzen sind meist natürlichen Gegebenheiten angepaßt. Die unbewohnten ausmärktischen Gebiete werden von der Forstbehörde verwaltet. Um dieses Gebiet zieht sich mit Ausnahme eines schmalen Durchganges bei Bayerisch Gmain herzförmig die Staatsgrenze Deutschland-Österreich. Die 5 Gemeinden sind in der Tourismusregion Berchtesgaden-Königssee zusammengeschlossen. Der Landkreis umfaßt insgesamt 15 Gemeinden, u. a. Ainring, Anger, Bayerisch Gmain, Freilassing, Laufen, Piding, Saaldorf, Schneizlreuth, Teisendorf mit etwa 101000 (Stand 2005) Einwohnern. Kreisstadt ist Bad Reichenhall.

Markt Berchtesgaden

Berchtesgaden, 571m (Stiftskirche), 7700 Einwohner, ist Mittelzentrum; Einwohnerzahl im Nahbereich rund 25000.

Öffentliche Verwaltungen: Finanzamt, Forstamt, Polizeiinspektion, Hauptpostamt mit Nebenstellen, Marktgemeindeverwaltung mit Standesamt (u. weiteren Einrichtungen, z.B. öffentl. Kinderspielplatz im Zentrum, Friedhof, Bauhof und Schlachthof), Kurdirektion, Hauptbahnhof, Allg. Ortskrankenkasse, Ersatzkassen.

Unterricht, Bildung, Kultur, kirchliche Einrichtungen: Vollgegliederte Verbandsvolksschule, vollausgebautes Europäisches Gymnasium, Fachschule für Holzschnitzerei. – Schlossmuseum, Heimatmuseum, Bauerntheater, 2 Kinos, Kur- und Kongresshaus, mehrere Veranstaltungssäle, Jugendheim. – Kath. und Evang. Pfarramt.

Wohlfahrts- und Gesundheitswesen: Kindergarten, Sportplatz, Kur- und Freizeitbad Watzmann-Therme, Solekurbad, 3 Turnhallen, 3 weitere Turnhallen im Nahbereich, 1 beheiztes Freibad im Nahbereich, 1 Naturbad, Golfplatz, Kunsteisstadion.

In der Schellenberger Eishöhle im Untersberg

Marktplatz in Berchtesgaden

Tennisplätze, Bundesleistungszentrum (Kunsteis-Rodel- und Bobbahn), eine Mehrzweckhalle in Verbindung mit dem Bundesleistungszentrum, Kinderspielplatz, eine Bergbahn und zahlreiche Skilifte. Kreiskrankenhaus mit Fachrichtungen, Altersheim, ein weiteres Altersheim mit Pflegeabteilung im Nahbereich, eine große moderne Altenwohnanlage, zahlreiche praktizierende Fachärzte.

Verkehrseinrichtungen: Bundesbahn, öffentlicher Nahverkehr RVO „Regionalverkehr Oberbayern" mit weit verzweigtem Verkehrsnetz, Flughafen Salzburg 20 km, etwa 25 Taxiunternehmer, 5 weitere private Omnibusbetriebe, 2 Reisebüros.

Gemeindeverwaltung im Rathaus (Rathausplatz).

Berchtesgaden mit Watzmann

Bischofswiesen

600 bis 900 m, 7300 Einwohner, flächenmäßig zweitgrößte Gemeinde Bayerns. Bahn- und Busverbindungen, vier Kirchen, Volksschule, Altersheim, Jugendherberge, Verkehrsbüro, Kinderpflegeschule, Gewerbegebiet im Paffenfeld, Einkaufszentrum Panorama-Park, Gebirgskaserne in der Stub, Reha-Klinik-Loipl (Medical Park), Adipositas Reha-Zentrum, Insula, Schwimmbad Aschauer Weiher. Ortsteile Winkl, Loipl, Bischofswiesen, Stanggaß, Strub, Engedey. Die ersten vier Ortsteile gruppieren sich im Tal der Bischofswieser Ache, Strub-Engedey stößt bis zur Ramsauer Ache vor. Prächtige Aussicht, viel Sonne, Bergsiedlung Loipl, Wintersportanlagen am Hochschwarzeck und Götschen.

Sehenswürdigkeiten: Grenzbefestigungen aus dem 12. Jh. am Paß Hallthurm, Wallfahrtskirche Loipl von 1799, Bischofswieser Kirche. Aussichtshöhe Kastensteinerwand (Rundwanderweg), unterer Soleleitungsweg. Gemeindeverwaltung: Rathaus Bischofswiesen.

Kreuzgang im Berchtesgadener Schloss

Schönau a. Königssee

Die Gemeinde hat sich aus den ehemaligen Gemeinden Schönau und Königssee gebildet; 5400 Einwohner. Das Gemeindegebiet erstreckt sich vom Bahnhof Berchtesgaden entlang der Ramsauer Ache bis zum Grünstein und südöstlich bis an die Ausläufer von Jenner und Hohen Göll, meist in Höhenlagen zwischen 600 m bis über 1000 m am Faselsberg. Busverbindungen (RVO) aus allen Ortsteilen nach Berchtesga-

Snowboard WM am Götschen-Skigebiet
Unten: Kaserne in der Strub

Wallfahrtskirche St. Bartholomä

den. Größte Fremdenverkehrsgemeinde im Berchtesgadener Land mit Verkehrsbüro Unterstein. Großer Parkplatz am Nordufer des Königssees, Seilbahn auf den Jenner, Staatl. Schiffahrt, Kunsteisbahn für Bob- und Rennrodel (Bundesleistungszentrum am Fuße des Grünsteins). Dürreck: Gymnasium Christophorusschule mit Ski- und Realgymnasium, große Sportanlage (Alpenstadion) mit Tennisplätzen. Freibad Schornbad (beheizt), Volksschule und Kindergarten. Viele schöne und moderne Gasthäuser, Hotels und Pensionen in beiden Ortsteilen. Gemeindeverwaltung im Rathaus in Unterstein.

Jennerbahn-Bergstation, im Hintergrund der Schneibstein

Das Bindkreuz am Hirschbichl

Ramsau-Nationalparkgemeinde

580 – 1100m, 1800 Einwohner, Busverbindungen, Haus des Gastes, katholische und evangelische Kirche, Volksschule, Wimbachklamm, Hintersee, Bergkurgarten, Solegradierwerk, Kneippanlage, Sessellift Hochschwarzeck.

Ramsau ist eine der ältesten Gemeinden des Berchtesgadener Landes, zu der die Ortsteile Antenbichl, Au, Taubensee und Schwarzeck gehören. Das bergumschlossene Tal, der unmittelbare, hohe Aufstieg von Watzmann und Hochkalter verleihen der Ramsau hochalpine Akzente. Die Siedlung erstreckt sich entlang der Ramsauer Ache und an beidseitigen Hängen des oft schmalen Tales, das sich nach Ilsank schluchtartig verengt und, ständig leicht steigend, zum Hintersee und bis auf den Hirschbichl hinaufzieht. Die dichteste Besiedlung gruppiert sich um die Kirche, die sehenswerte Heiligenfiguren aus dem 15. Jahrhundert enthält. In der Ramsau trennen sich die Straßen, die linke Straße führt zum Hintersee, die rechte ist die Alpenstraße, die in zwei Kehren viel an Höhe gewinnt und zum Paß Schwarzbachwacht führt. Gemeindeverwaltung und „Haus des Gastes“ Nähe Abzweigung Alpenstraße. Gemeindeverwaltung im Rathaus.

Rechtes Bild: Pfarrkirche Ramsau (St. Sebastian) mit der Reiteralm.

Wallfahrtskirche Maria Kunterweg, rechts der barocke Kirchenraum.

In Ramsau erwartet Sie:
eine herrliche Winterlandschaft • geräumte Wanderwege, das Skizentrum Hochschwarzeck.

Marktschellenberg

Zu Marktschellenberg, 485 bis 900 m, das einmal als Salinenort Bedeutung hatte, gehören die Ortsteile Ettenberg und Almbachklamm (Untersbergseite) Scheffau und Mehlweg (Ostseite). 1800 Einwohner, Busverbindungen nach Berchtesgaden u. Salzburg, kath. Kirche, Volksschule, Verkehrsbüro, beheiztes Schwimmbad. Schellenberg ist nicht nur ein ruhiger Erholungsort, es greift schon ins Alpenvorland hinaus und liegt nur 14 km von Salzburg entfernt. Die Ortsteile von Marktschellenberg, die früheren Gemeinden Landschellenberg und Scheffau verstreuen sich östlich über die Köpplschneid, Götschen zum Mehlweg und über den Barmstein nach Zill-Oberstein. Auf der Untersbergsüdseite von der Almbachklamm zum Hochplateau des Almbergs mit der Siedlung Ettenberg, einer alten Bauernwallfahrt mit einer sehenswerten Barockkirche aus dem 17. Jahrhundert. Eine gut zu befahrene Bergstraße führt zu diesem lohnenswerten Ausflugsziel. Gemeindeverwaltung im Rathaus.

Die älteste Marmor-Kugelmühle Deutschlands am Eingang der Almbachklamm.

Spazierwege und Wanderungen

Ein ausgedehntes Wegenetz durchzieht das Berchtesgadener Land nach allen Richtungen. Sämtliche Wege im Tal und auf den Höhen sind von der Nationalparkverwaltung, der Kurdirektion und den Verkehrsbüros der Gemeinden ausreichend mit Hinweisschildern oder sonstigen Markierungen versehen. Für Spaziergänge und Wanderungen empfiehlt es sich, ähnlich wie bei Bergtouren, geeignete Wanderkleidung und vor allem gutes Schuhwerk zu tragen. Ein leichter Bergschuh wird den Anforderungen am besten gerecht.

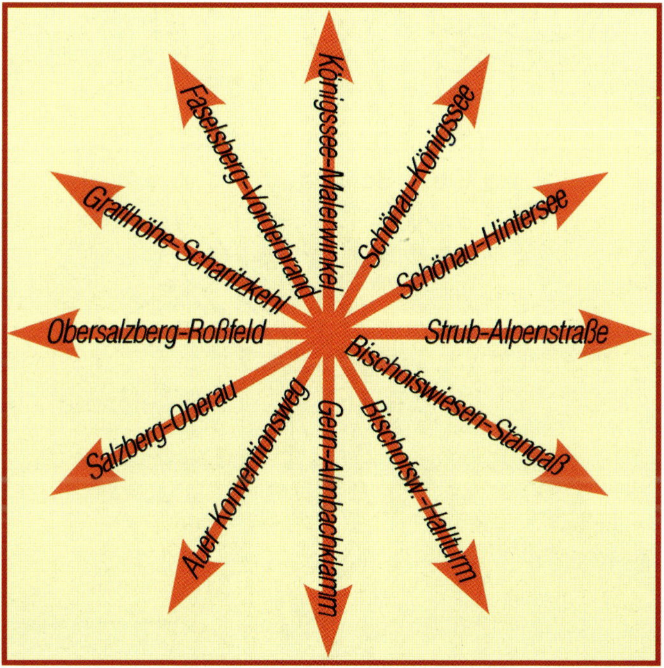

Wanderwege:

Die nachfolgenden 12 Wanderwege (mit Nebenwegen) sind eine besondere Auswahl aus vielen weiteren Wandermöglichkeiten. Die meisten sind ohne großen Fahrverkehr, in gutem Zustand und ausreichend beschildert. Wegen der besseren Orientierung ist als Ausgangspunkt jeweils der Markt Berchtesgaden angegeben. Die alpinen Wanderwege und Pfade wurden von der Nationalparkverwaltung auf das internationale Markierungssystem umgearbeitet und entsprechend abgestimmt.

Unsere Zeitangaben:

Die körperliche Verfassung jedes einzelnen läßt eine unbedingt gültige Zeitangabe nicht zu. Wir bezie-

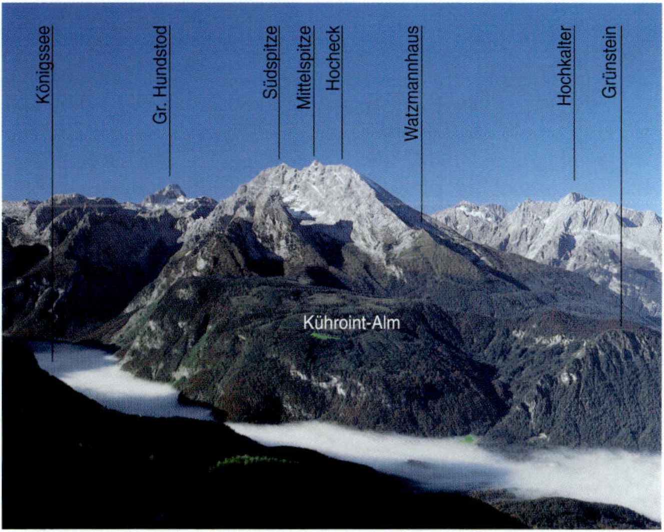

Der Watzmann vom Kehlstein aus. Das Gemeindegebiet von Schönau a. Königssee und der Königssee liegen unter der Nebeldecke.

hen uns deshalb auf folgende Normalwerte: eine Stunde Gehzeit für 4,5 km auf ebenen Strecken und 1 Stunde pro 400 m Höhenmeter zur Gehzeit dazuzählen. Nicht eingerechnet in die Zeitangaben sind Ruhepausen oder sonstige Aufenthalte.

1 **Königsseer Fußweg - Malerwinkl.** 2 Std. Wenig Steigung. Vom Hauptbahnhof über die Schönauer Brücke, Gärtnerei Sommer zur Nassen Wand, die Untersteiner Straße überqueren nach Schwöb und Unterstein. Weiter an der Königsseer Ache, Camping Grafenlehen unterhalb passierend zur Fisch-Erlebniswelt. Weiter zur Seeklause, den Uferweg am Königssee entlang zu den Hotels und hinter den Bootshütten über Cafe Beust leicht steigend, dann wieder abwärts zum Malerwinkel. Variante: Vom Malerwinkel in einer Rundschleife durch den Wald zum Rabensteinweg und zurück zur Talstation Jennerbahn.

Richard-Voß-Weg – Königssee. 1 Std. Mäßige Steigungen. Von der Bushaltestelle Königsseer Schule, aufwärts zunächst durch Wald und über den Höhenrücken der Hundskehl. Schließlich durch reizvolles Wiesengelände wieder abwärts nach Königssee. Spaziergang in 600 bis 750 Meter Höhe. Jetzt als Straße ausgebaut.

Königssee – Rabenwand. 1 Std. Mäßige Steigung. Wie Weg 1 bis Königssee. 150 m nach der Jennerbahn Talstation von der Straße rechts ab (Hinweistafeln) in 40 Min. auf schattigem Waldweg und in mäßiger Steigung zu einem außergewöhnlich schönen Aussichtspunkt oberhalb des Malerwinkels. Herrlicher Blick auf den Königssee. Empfehlenswerter Spaziergang in 600 m bis 900 m Höhenlage.

St. Bartholomä – Eiskapelle (834m). Auf Weg 1 bis Königssee. Mit dem Boot bis St. Bartholomä. Vom Jagdschloss St. Bartholomä am Königssee den Eisbach entlang zur „Eiskapelle" am Fuße der Watzmann-Ostwand. Teilweise Steigung (ca. 45 Min. ab der Kapelle St. Johann und Paul), dann schattiger Waldweg, eine Stunde Gehzeit (im ganzen eine Halbtagstour).

2 Schönau – Königssee. 2 Std. Häufig flaches Gelände. Vom Hauptbahnhof über Schönauer Straße zum neuen Friedhof. Dort links vorbei, durch den Steinwandwald zum Sulzberglehen, über Wiesen zum Grabenlehen, Winkllehen und zum Gasthaus „Waldhauserbräu". Dann weiter zur Artenreitsiedlung und an den Steilhängen des Grünsteins vorbei über Hofreit, Jodler zur Seeklause am Königssee. In der Schönau kann man übrigens kreuz und quer nach Herzenslust wandern. Der Blick ist nach allen Seiten frei und viele Ruhebänke laden an schönen Aussichtsstellen zur Rast ein.

Königssee – Schönau – Ilsank Ramsau. 2 Std. Ohne besondere Steigung. Wie bei Weg 2 nach Schönau. Oberhalb dem Gasthaus „Waldhauserbräu" vorbei zur Waldhauser-Siedlung. Dort folgt man der schattigen Straße am Grünstein zum Kramerlehen. Hier links weiter auf Weg 3 nach Ramsau. (Geradeaus weiter über Duftsiedlung nach Ilsank.)

Weihnachtliche Pfarrkirche Ramsau

Ein Spaziergang um den Hintersee ist auch bei Nebel reizvoll

3 **Schönau – Ramsau – Hintersee.** 3 – 4 Std. Mit dem Bus zum Kramerlehen, auf ausgeschildertem Weg (Wimbachbrücke) zuerst leicht steigend, dann teilweise eben weiter, häufig durch Wald zu den Stanzerlehen. Später abwärts zur Wimbachbrücke. Auf einem Fußweg, beim Sägewerk Dietrich entlang der Ramsauer Ache immer in gleicher Richtung fort. Nachdem die Häuser der Ramsau aufhören, wieder in den Wald aufwärts und auf langen Holzstegen über die Gletscherquellen. Kurz darauf wird die Hinterseer Straße gequert, leicht abwärts, rechts der Felsspalt der Marxenklamm. Auf dem Talboden angekommen, verläßt man die Sandstraße und zweigt links ab in den Zauberwald. Ein reizender Fußweg schlängelt sich mit geringer Steigung zum Hintersee. Man verfolgt den Fußweg weiter nach rechts entlang dem Seeufer und gelangt im Halbbogen zur Bushaltestelle. Die Seeüberfahrt zum Hotel Gamsbock ist gegen Entgelt möglich. Wenig Steigungen, viel Wald, zahlreiche Bänke, im Bereich des Weges verschiedene Bushaltestellen. Seit dem Sommer 2000 wird ein Teil dieses Weges als „Wanderweg auf den Spu-

ren der Landschaftsmaler“ ausgewiesen. Von Ramsau bis zur Litzlalm (9 km) sind die bedeutendsten Werke der Maler und Künstler um die Jahrhundertwende, auf Tafeln ausgestellt und erklärt.

Wimbachklamm – Wimbachtal. Auf Weg 3 in etwa 2 Std. bis Wimbachbrücke. Besser aber mit dem Bus bis zur Wimbachbrücke und in 15 Minuten zur Wimbachklamm. In leichten Steigungen in einer guten Stunde zum Wimbachschloss und in weiteren 2 Std. durch das Wimbachtal zur Grieshütte. (Siehe auch Kapitel „Sehenswürdigkeiten“.)

Empfehlenswerte Tagestour in ein stilles, vom Verkehr ungestörtes Hochtal.

Die Wimbachgrieshütte im Wimbachtal

4 Strub – Ramsauer Höhenweg – Alpenstraße. 3 – 4 Std. Mäßige Steigung in einer Höhenlage zwischen 550 und 900 Meter. Von der Gmundbrücke zwischen Ramsauer Straße und Struber Straße auf den Höhenrücken, an den Kasernen vorbei zum Stöberl- und Vierradlehen, und dann mäßig steigend von der Bachmannkapelle in 30 Minuten zum Söldenköpfl (Soleleitungsweg). Oder von der Ramsauer Straße in Engedey über Bachmannlehen, Geistallehen zum Söldenköpfl. – Von dort eben in 1 ½ Std. zum Zipfhäusl und in weiteren 30 Minuten zur Alpenstraße (Kaltbachlehen). Eine unschwierige und sehr informative Höhenwanderung mit herrlichen Ausblicken auf die Berchtesgadener Alpen. – Von der Alpenstraße Rückfahrmöglichkeit. – Sehr empfehlenswert und zweckmäßiger ist die Wanderung in umgekehrter Richtung. Also: mit dem RVO-Bus ab Berchtesgaden – Hauptpostamt über die Alpenstraße zur Haltestelle „Hindenburglinde", dann ca. 300 m auf der Straße weiter bis Kaltbachlehen. Jetzt auf der rechten Straßenseite den bezeichneten Weg über Zipfhäusl – Söldenköpfl – Strub nach Berchtesgaden. In dieser Richtung wird die steile Strecke zwischen Söldenköpfl und Vierradlehen abwärts begangen und ist dadurch weniger beschwerlich.

Hirschbichl. 1148 m. Mit dem Bus bis Hintersee; zwei größere Steigungen. Vom Gasthof Auzinger (Parkplatz am Eingangstor) der alten Saumstraße (ehemalige Verbindung des Erzstiftes Salzburg mit Tirol und dem Pinzgau) kurz folgen. Links weiter auf schönem Weg dem Klausbach entlang. Ab der Engert Holzstube (Busrückfahrmöglichkeit) steigend zur Bindalm (links sehr schöner Abstecher zur Mittereis Alm) und weiter zum Gasthaus Hirschbichl und Litzlalm. Riesig erheben sich die ungeheueren Felsschluchten und Erosionsgräben der Reiteralpe (Mühlsturz- und Grundübelhörner).

Man glaubt in den Dolomiten zu sein, so lotrecht steigen die Felstürme auf. Im Sommer fährt ein Wanderbus.

Halsalm Rundweg. Weg a) Von Hintersee 5 Min. auf Hirschbichlstaße, dann rechts ab (Tafel) durch Wald aufwärts in die Halsgrube, rechts zur Halsalm 1 – 1½ Std.

Weg b) Vom Hotel Post in Hintersee, auf Steig empor zu einem kleinen Weg, der ständig querend nach links aufwärts zieht, direkt zur Halsalm. Besonders für den Abstieg geeignet.

5 Aschauer Weiher – Hochgart – Böcklweiher – Strub. Ein etwa dreistündiger Rundgang in leichtem Gelände mit schönen Aussichtspunkten. Vom Markt Berchtesgaden über den Doktorbergfußweg, Rostwald und Dietfeld zum Aschauer Weiher. Die alte Reichenhaller Straße überqueren zum Hochgartdörfl und Stanggaß. Auf der Bundesstraße jetzt 50 m nach rechts, dann wieder nach links den Fahrweg bis zum ehemaligen US- Hauptquartier. Vor dem Einfahrtstor rechts den Bachingerweg hinunter zum Tristramweg, Bachingerlehen, durch Wiesengelände hinauf zum Böcklweiher. Jetzt ein Fahrweg zum Koppenlehen, das Altersheim Insula links umgehen, über einen Wie-

Die Bindalm am Weg zum Hischbichl vor den „Ramsauer Dolomiten"

Ameisennockenkopf
Gr. Häuslhorn
Stadelhorn
Gr. Mühlsturzhorn
Kl. Mühlsturzhorn
Grundübelhörner

senweg zur Struber Straße. Bei der Jägerkaserne links halten und hinter der Jugendherberge Strub den Fußweg hinunter zum Gmundberg. Von dort entweder über Gmundberg zum Markt Berchtesgaden oder der Bundesstraße bis Hauptbahnhof.

Bischofswiesen-Loipl. Nach Bischofswiesen durch die Tristramschlucht entlang der Bischofswieser Ache (Bahnstrecke). Besser mit dem Bus dorthin und über die Andreas-Fendt-Siedlung über Köppl- und Rosenberglehen hoch zur Fahrstraße nach Loipl. Beim Kollerlehen rechts über das Hochplateau zur Loipler Kirche. Abwärts über Breidlerlehen nach Bischofswiesen zurück.

Sonnwendfeuer in Loipl vor der Silhouette der schlafenden Hexe

Bischofswiesen Ramsau (Zipfhäusl). 3 Std., mäßige Steigungen. Ausgangsort Bischofswiesen und Loipl (siehe vorhergehender Abschnitt). Beim Kollerlehen in südwestlicher Richtung dem Taleinschnitt des Schwarzeckerbaches, zwischen Toter Mann und Schmuckenstein in mäßigen Steigungen zum Hochschwarzeck. Bei der Schwarzecker Kapelle abwärts zum Zipfhäusl nach Ramsau.

6 **Maximiliansreitweg – Hallthurm.** 3 – 4 Std., fast keine Steigung. Ein wirklich schöner, erholsamer Spaziergang. Vom Marktplatz über Doktorberg, Rostalm zum Dietfeldkaser. Dort die Straße überqueren zu den abgeholzten Hängen des Gschirrkopfes. Der schöne, breite und vom Verkehr ungestörte Weg führt immer am Waldsaum entlang, überschirmt von prächtigen Laubbäumen, mit herrlichen Ausblicken auf die Berge. Unterhalb der Kastensteinerwand über den Seppengraben, Siedlung Winkl und Forsthaus Winkl nach

Grainswies (oberhalb des Panorama Park-Einkaufszentrums). An den Abhängen des Nierntalkopfes und später des Untersberges nach Hallthurm. Rückfahrmöglichkeit mit Bus. Von Bischofswiesen nach Berchtesgaden über Kastensteinerwandalm (Rundwanderweg).

7 **Maria Gern – Almbachklamm.** 4 Std. Eine beliebte Halbtagswanderung mit leichten Steigungen in ein stilles Hochtal am Untersberg. Die Locksteinstraße hinauf zum Kreiskrankenhaus, Haus „Glück Auf" und Etzerfelsen (kleiner Wasserfall). Nach 50 Metern von der Straße links ab den bezeichneten Weg durch die Gerner Klamm nach Hintergern. – Man kann auch von der Locksteinstraße bei der Hilgerkapelle zum Gerner Bach hinunter und beim Perllehen auf schattigem Fußweg über Schwarnlehen, Café Etzerfelsen nach Maria Gern gehen. – Beim Holzlagerplatz in Hintergern den Weg entweder zum Dürrlehen oder geradeaus über Haus Johanna. Von dort abwärts durch den Wald zur Theresienklause und den Almbach abwärts durch die Almbachklamm zur Kugelmühle (siehe auch Kapitel „Sehenswürdigkeiten"). Von dort Rückfahrmöglichkeit. Sehr zu empfehlen ist auch der gut einstündige, fast ebene Fußweg von der Kugelmühle nach Berchtesgaden: Bei der Kugelmühle rechts über die Brücke den schattigen Weg weiter der Berchtesgadener Ache flußaufwärts folgend. Nach dem Kraftwerk Gartenau links über eine Brücke und weiter rechts durch das Gewerbegebiet über die Ache, neben der Bundesstraße entlang (Radweg) zum Gasthof Laroswacht und nach dem Gasthaus, rechts den Fahrweg zum Jugendheim Seimler und Gollenbachbrücke (Bushaltestelle).

Marxenhöhe. 825 m, 1½ Std., über Maria Gern empfehlenswerter, da mäßig steigend; über Metzenleiten steiler. Auf Weg 7 nach Maria Gern. Zwischen Gasthaus Gerer Wirt und der bekannten Wallfahrtskirche nach rechts, 10 Minuten steil empor, dann flach durch schattigen Wald. Bei der Weggabelung rechts in einigen Minuten fast

Die Wallfahrtskirche Maria Gern vor dem sagenumwobenen Untersberg (siehe auch Bild S. 51)

eben zur Marxenhöhe. Sie werden lange auf der Höhe verweilen, so schön ist dort der Rundblick. Das ganze Ländchen liegt zu Füßen ausgebreitet, ringsum die Berge vom Rossfeld bis zum Rauhen Kopf. – Wieder zurück bis zur vorhin erwähnten Weggabelung. Im spitzen Winkel rechts über das Feld abwärts zum Marxenlehen und auf breitem Fahrweg über Hausknechtlehen, Kropfleiten zur Salzburger Straße (Nähe Bergwerk).

Novemberstimmung: die Reiteralpe vom „Auersattel“ aus gesehen.

Gr. Mühlsturzhorn
Stadelhorn
Wagendrischelhorn
Gr. Häuselhorn
Schottmalhorn
Edelweißlahner

8 Auer Konventionsweg

(In den Konventionssägen wurde Holz aus bayerischen Forsten für den Bergbau in Dürrnberg (Österreich) geschnitten). Mit dem Bus in die Oberau Haltestelle Mauthäusl. Von dort nach rechts in den Weißensteinerweg auf 150m; links in die Mühlauer Freie. Dort finden wir im „Saghäusl" eine ehemalige Konventionssäge. Weiter bis zum Feuerwehrhaus; hier rechts zur Renothenmühle (Mühlauer Wasserstollen 1821); 600m die Rodelbahn hinauf (links Abstecher zum Meuselgrabenstollen 1570); auf der Rodelbahn aufwärts zum Weißensteinerweg zur Rossfeldstraße. Von dort etwa 200m abwärts zur Haltestelle Gmerk. Rechts die Fahrstraße zum Gasthaus Zill, dort links über Heinrichslehen und Frauenhof zum Gasthof Neuhäusl; rechts der Fahrstraße folgen und nach wenigen Metern links zum Madlerlehen; dort wiederum scharf links Richtung Steinbichlerlehen und bergauf zum Lärcheck (Aussichtspunkt „Lärchecker Wand" unbedingt besuchen; herrliche Rundumsicht!). Durch den Wald abwärts zurück in die Oberau. Ca. 3-4 Stunden, 450 Höhenmeter.

Auer Rundweg. Von der Haltestelle Schusterhäusl zur gegenüberliegenden Auer Kirch; zum Auerwirt auf der Fahrstraße vorbei und nach der Lindenkapelle rechts auf dem sandigen Fußweg hoch zum Wald bis zum Sonnenbichlweg. Rechts über Verkehrsbüro zurück zur Haltestelle. 30-45 Minuten.

9 Untersalzberg – Oberau.

2-3 Std., Steigungen. Vom Salzbergwerk über Pulverturm, Neuhäusl und stärker steigend über Anötzlehen zum Mausbichl. Schöner Aussichtspunkt. Von dort flacher Weg (Wasserleitungs- oder Stollenweg). Bei der Wegkreuzung im Wald links bleiben (rechts über Spornhoflehen zum Obersalzberg) und durch Stollen (Kopf etwas einziehen) oberhalb Untertallehen. Nochmals durch Stollen den flachen Weg links weiter bis zum Larosbach. Diesen überqueren, 150 m bachabwärts, dann rechts leicht steigend zur Resten (Hofreitlehen). Die Wiesen queren, durch den Lettengraben und das letzte Stück auf der Straße nach Oberau. Ein schöner, schattiger Spazierweg, der nicht überlaufen und recht amüsant ist.

Bergwerk – Obersalzberg. 1½ Std., 500 m Höhenunterschied. Vom Gasthof Salzberg zum Mieslhof, beim Haus Frauenberg links den

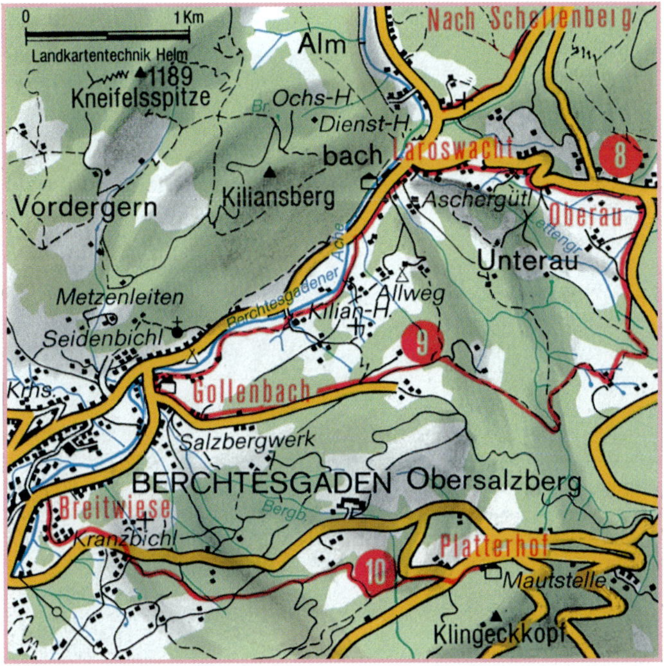

Fahrweg über das Auerhaus durch Wald und steil steigend über Spornhoflehen zum Obersalzberg.

10 Rodelbahn – Obersalzberg.

1½ Std., ca. 500m Höhenunterschied, ständig steigend, steil. Über die Breitwiesenbrücke, rechts zum Eisstadion; zwischen der Sportanlage und Gasthaus Schießstätte die Rodelbahn hinauf und kurz nach der Unterführung erst noch flach über ein Steilstück hoch zur Dürreckstraße. Etwa 50 Höhenmeter unterhalb führt ein schattiger Wanderweg nach rechts über die Bergstation der Obersalzberg Seilbahn zum Gasthaus Hochlenzer und unterhalb der Seilbahn - Mittelstation in 1½ Std. zurück nach Berchtesgaden.

Obersalzberg – Ahornalm – Rossfeld. 3-4 Stunden, insgesamt 1100 m Höhenunterschied, nicht schwierig. Mit dem Bus zum Obersalzberg (Abfahrtsstelle Kehlstein). Auf der Fahrstraße über Klaushöhe zum Ofnerboden. Bei der Enzianhütte rechts weiter zügig aufwärts zur Eckerleiten und zum Eckersattel (Abzweigung rechts zum Purtschellerhaus). Links um den Ahornbüchsenkopf zur Ahornalm. Die Höhenwanderung auf der Fahrstraße zum Rossfeld ist unvergleichlich schön. Während im Hintergrund die Wandfluchten des Hohen Göll an Höhe gewinnen, ist der Blick frei in das Berchtesgadener Land, auf der anderen Seite ist das Salzachtal mit dem schimmernden Gletscher des Dachsteins sichtbar. Eine überaus lohnende Tageswanderung, wenn man von der Rossfeldalm die Wanderung abwärts (ca. 1 km auf der Fahrstraße, dann links) in 2 Stunden über das Hochkreuz (Auersattel) nach Oberau fortsetzt.

11 Hochlenzer – Graflhöhe – Scharitzkehlalm. 2 Std., bis 600 m Höhenunterschied, nicht beschwerlich, jedoch meist steigend. Nach der Schießstättbrücke (Fahrstraße) 100 Meter aufwärts und hart rechts abzweigen zum Kalten Keller, Ottenstein, über Schiedlehen zum Hochlenzer (Aussichtspunkt). In weiteren 20 Minuten zum Aussichtspunkt Gasthaus Graflhöhe (herrlicher Tiefblick auf Berchtesgaden). Auf dem Prof.-Linde-Weg ein Stück weiter bis zur Ruine Zaunerbrücke. Links unter dieser hindurch weiter über einen kleinen Höhenzug (10 Min.) und geradeaus in 15 Minuten zur Scharitzkehlalm, Rückfahrmöglichkeit. Persönliche Empfehlung für gute Fußgänger: Von der Scharitzkehl führt ein geteerter Wanderweg ins Endstal (großartig) und in einer zügigen Schleife zurück fast eben durch Wald zur Ligeretalm und Obersalzberg (ca. 1½ – 2 Std.).

12 Vorderbrand – Brandkopf. 1156 m. Knapp 2 Std., Steigungen. – Königsseer Straße bis Wohnblock Mitterbach, dort links von der Bundesstraße abzweigen zur Vorderbrandstraße. Vom Höllgraben (Brücke) etwas steiler über Helliellehen durch den Wald bis Haus Watzmannblick (Abstieg nach

Königssee und Richard-Voß-Weg). Weiter über Heinzenlehen und Holzenlehen, im letzten Stück etwas steiler zum Berggasthaus Vorderbrand. Beim Waldrand (nach der Kapelle) rechts durch Wald in 20 Minuten auf den Brandkopf. Wundervolle Aussicht auf Königssee, Schönau und Berchtesgaden. Empfehlenswerter aber nicht ganz ungefährlicher Rückweg (teilweise steil und über Treppen, dafür aber kürzer): südlich vom Gipfel durch den Krautgraben und Kreßgraben zum Dorf Königssee. Dort Rückfahrmöglichkeit oder zu Fuß wie Weg 1.

Vorderbrand – Mittelstation – Königsbachalm. (Hochbahn – Königssee) Eine sehr lohnende Almwanderung in halber Höhe des Jenners (siehe auch Kapitel „Aussichtsgipfel"). Etwa 4 Std., leichte Steigungen nicht schwer. – Vorderbrand (wie auf Weg 12), durch Wald aufwärts zum unteren Ende der Jennerfelder und Mittelstation. Auf dem „Königsweg" in einer Stunde fast eben zu den Königsbachalmen. Rechts hinunter zu den Almhütten und über die „Hochbahn" in etwa 1 Stunde nach Königssee.

Vorderbrand-Gotzental.
3-4 Std. Beim Parkplatz Hinterbrand auf der Forststraße weiter Richtung Jenner. Unterhalb der Mittelstation um den Jenner bis Hochbahn, dabei wundervolle Ausblicke auf den Königssee. Von der Königsbachalm rechts hinauf zur Büchsenalm und Gotzenalm. Rückweg am besten auf dem Wanderweg zur Schiffhaltestelle „Kessel" am Königssee (Fahrpläne studieren!) und Rückfahrt mit dem Schiff. Man kann auch bereits bei der Königsbachalm auf dem Wanderweg „Hochbahn" zum Königssee gehen. Die Forststraße bis Gotzental ist ungefährlich und wird ganz wenig befahren.

Wanderweg im Jennergebiet

Busauskunft:
Regionalverkehr Oberbayern
Tel. 08652/9448-0

Sechs aussichtsreiche Gipfel

Zuerst: Nicht alle der hier aufgeführten Gipfel sind groß im Sinne von „hoch“, im Gegenteil, ihre Höhe ist meistens sehr bescheiden, aber die Aussicht, die sie gewähren, ist überraschend groß. Einige davon sind ohne jede Mühe zu erreichen, andere fordern den Einsatz der Kräfte. Bergwanderungen setzen geeignete Kleidung bzw. Ausrüstung voraus und die Berücksichtigung allgemein gültiger bergsteigerischer Regeln (siehe Abschnitt Bergtouren).

Kehlstein, 1837m

Der Kehlstein, ein dem Hohen Göll vorgeschobener Bergrücken, ist infolge seiner günstigen geographischen Lage einer der am meisten besuchten Gipfel. Viele Wege und mehrere Straßen durchziehen die bewaldeten Hänge zwischen Scharitzkehl im Süden und der Resten im Osten. Auf halber Höhe liegt der Obersalzberg. Im Innern des Berges ist ein mächtiger Salzstock, deshalb auch „Salzberg“, der vom Salzbergwerk an der Berchtesgadener Ache

und früher auch von Dürrnberg bei Hallein aus abgebaut wird. Vor einigen Jahren gehörte der Kehlstein zum „Führergebiet" (siehe Obersalzberg), zu dieser Zeit (1938) entstand das Teehaus oder „D-Haus" auf dem Gipfel, das die Landesstiftung Berchtesgaden bewirtschaftet. In dieses Haus führt ein unterirdischer Aufzug. Die Kehlsteinstraße ist dem Fahrverkehr der RVO-Omnibusse vorbehalten, ein schöner asphaltierter Wanderweg führt jedoch von der Südauffahrt der Rossfeldstraße (am Kehlriedel) zum Gipfel. Auf dem langgestreckten Gipfelgrat ist in einer Rundschleife ein schöner Höhenweg angelegt worden, der den Wanderer mit alpinen Verhältnissen vertraut macht und durch die gute Sicherung vollkommen harmlos ist. Ein Weitergehen ab der Warntafel bei der steinernen Mauer über den Mannlgrat zum Hohen Göll kann nur erfahrenen Bergsteigern empfohlen werden. Der Steig erfordert absolute Bergerfahrung. Siehe auch Abschnitt „Bergtouren", Hoher Göll.

Lattengebirge
Zwiesel
Mittelstaufen

Die **Kehlsteinstraße** beginnt auf dem Obersalzberg beim Parkplatz Hintereck und ist in ihrer Anlage so großartig, daß sie sich mit vielen bekannten Paßstraßen messen kann. Sie ist die kühnste und interessanteste bayerische Alpenstraße und überwindet bei einer Länge von 6,5 km einen Höhenunterschied von 700 m.

Fünf Tunnels in einer Länge von insgesamt 227m sind in die steilen Südwesthänge des Berges eingesprengt. Lange zieht die Straße an bewaldeten Westhängen vorbei. Nach dem großen Tunnel gewinnt sie die felsige Südseite. Ein freudiger Anblick: der Königssee! Der Raum wächst in die Tiefe, unten grünt der Almboden der Scharitzkehlalm und bald erschaut man die wuchtigen Felsmauern des Hohen Göll. Die Straße gelangt noch einmal auf die Nordseite und erreicht hier bei 1700 m den großen Parkplatz (Hier trifft der bequeme Nordrampenweg von Obersalzberg bzw. Rossfeldstraße ein). Ein guter, gepflegter Fußweg leitet in etwa 15 Minuten zum Gipfel des Berges. Unbeschwerlich und schön. Im Innern des Berges aber gewinnt ein Aufzug die Höhe des Gipfels, auf dem das Kehlsteinhaus steht.

Ofnerboden – Kehlstein (Nordrampe). 2 Std. Asphaltierter Weg nicht steil. Am besten von rechts in Richtung zum Kehlstein, auf fast ebenem Weg in das Ofnertal und nach einer Weggabelung steigend in Serpentinen am Kehlriedel auf der Nordseite des Kehlsteins zum Parkplatz.

Höhenweg Ofnerboden – Scharitzkehl. 3 Std. Leichtes Gelände in ca. 1200m Höhe, asphaltierter Weg, unbedeutende Steigungen. Von der Haltestelle Ofnerboden rechts auf dem Kehlsteinweg bis zur Weggabelung im Wald. Von dort halbrechts leicht steigend im Wald zur Kehlalm, dann wieder abwärts, die Kehlsteinstraße querend, in die Kohlstatt. Immer links bleiben, wieder leicht ansteigend zur Salzwand, nach zwei Kehren südöstlich zur Ligeretalm und in Richtung zu den Westwänden des Hohen Göll weiter in das Endstal. Nach einer großen Schleife von dort in 10 Minuten abwärts zur Scharitzkehlalm. Im ganzen ein nicht häufig begangener und ruhiger Weg in alpiner Umgebung.

Busse der RVO vor den Westwänden des Hohen Gölls

Hoher Göll

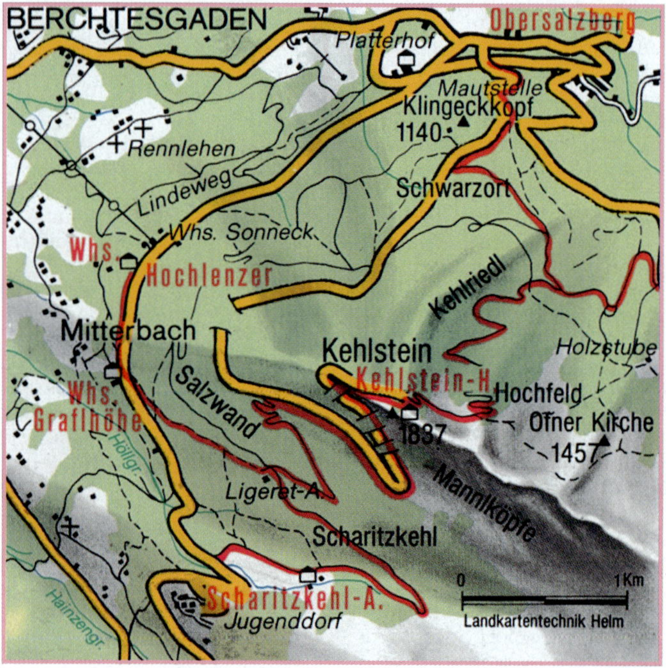

Abstieg Kehlstein – Graflhöhe. 1½ Std. Vom Gipfel zunächst auf der Fahrstraße abwärts, durch die drei oberen Tunnels bis zur großen Kehre. Von dort noch etwa 1050 m abwärts (1 Tunnel) und dann nach links auf bezeichnetem Asphaltweg in Kehren zur Ligeretalm. Geradeaus durch Wald leicht abwärts, bis bei einer freien Stelle der Weg wieder zu steigen beginnt. Jetzt bei der Wegtafel sehr steil hinunter, in 10 Min. zur Höhenstraße bei dem Berggasthaus Graflhöhe. Rückfahrmöglichkeit mit RVO-Bus.

Die Tour ist in der Hochsaison wegen dem Busverkehr zum Kehlsteinhaus untersagt, das Radfahren ist verboten.

Jenner, 1874 m

Die vorgeschobene Bergspitze zwischen Hohem Göll und Hagengebirge ist Berchtesgadens Universalberg. Es ist dort immer „etwas los“. Im Sommer reizt der Berg zu schönen und ausgedehnten Wanderungen, und im Winter sind die Hänge der Jennerfelder Tummelplatz der Skifahrer. Vom Königssee aus ist er durch eine kombinierte Gondelbahn in max. 22 Minuten zu erreichen. Von der Bergstation führt ein breit angelegter, ungefährlicher Spazierweg auf den Jennergipfel (20 Min.) Ein weiterer angenehmer Höhenweg, ebenfalls ohne besondere Beschwerlichkeit und besondere Steigung, führt in 30 Minuten zum Schneibsteinhaus oder in 40 Min. zum Stahlhaus.

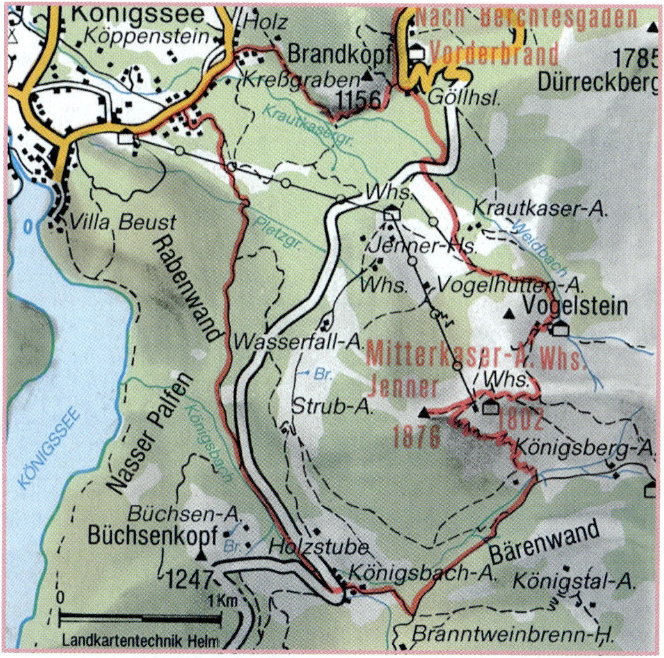

Die **Jennerseilbahn** wurde 1952/53 als kuppelbare Umlaufbahn nach dem bewährten Schweizer System von Roll erbaut. Bei einer Seillänge von 3320 Metern wird ein Höhenunterschied von 1170m überwunden. Die Höhenlagen: Talstation 630m, Mittelstation 1200 m. Bergstation Jenner 1800m. Stündliche Transportleistung:
800 Personen.

Anstiegsweg auf den Jenner

a) von Berchtesgaden über die Vorderbrandstraße nach Vorderbrand, durch Hochwald zum Wildgatter dann steil am Wildzaun das nördliche Jennerfeld hinauf. Oberhalb der Krautkaseralm zwischen Hohem Brett und Kleinem Jenner zur Mitterkaseralm (bewirtschaftet) auf das Mitterkaserjoch und dann nach rechts zum Jenner. Etwa 4 Stunden, markiert.

b) Von Dorf Königssee zur Talstation, weiter zur „Hochbahn" und zu den Königsbachalmen, das Almfeld aufwärts zum Weg, bei der Wegteilung am oberen Waldrand links, durch Wald steigend zur Königsbergalm, links abzweigen, auf steilem Serpentinenweg auf den Gipfelhang zum Berggasthaus auf dem Jenner. 4-5 Std., markiert. Von der Bergstation ein breiter, ungefährlicher Weg auf den Jennergipfel (20 Min.). Sehr gute Aussicht auf Berchtesgaden, besonders auf den Königssee, der fast in seiner ganzen Länge überschaut werden kann, Rundblick auf die österreichischen Gebirgszüge.

Gotzenalm, 1741m

3-4 Stunden, markiert. Guter Weg mit teils größeren Steigungen. Mit dem Motorboot bis Kessel (Haltestelle der Königssee Schifffahrt). Von hier führt der Reitweg in 1½ Std. in großen Schleifen zur Gotzentalalm. Rechts weiter in ¾ Stunde zur Seeaualm und nun den letzten Hang in ¾ Std. zum großen Almplateau der Gotzenalm. Oder von der Jennerbahn-Mittelstation (Parkplatz Hinterbrand) Königsbachalm – Gotzenalm, 3-4 Std. Überwältigender Blick auf den Kranz der Berge und den Gletscher der Übergossenen Alm. In ¼ Std. zum Feuerpalfen, 1741m, schöne Sicht auf den Königssee und die Watzmann-Ostwand. Gotzenalm von Pfingsten bis Anfang Oktober bewirtschaftet, Übernachtungsmöglichkeit (32 Betten, 51 Matratzenlager), Tel. 08652/690900.

Blick vom Jennergipfel auf Königssee mit St. Bartholomä

Steinernes Meer
Gr. Hundstod
Watzmann-Ostwand
Watzmann-Südspitze
Watzmannfrau

Gotzenalm – Königsbachalm – Königssee. Etwa 3 Std. Von der Gotzenalm den Anstiegsweg über Seeaualm bis Gotzentalalmen zurück und auf der Forststraße zu den Königsbachalmen, weiter abwärts über die „Hochbahn" zum Dorf Königssee. Markiert.

Gotzenalm – Regenalm – Kaunersteig. 3 - 3½ Std. Markiert. Von der Gotzenalm südöstlich durch welliges Almgelände auf den „Reitweg" und durch Wald abwärts zur Regenalm. Wenn Sie sich auf den Almfeldern leise verhalten, können Sie in oft unmittelbarer Nähe Murmeltiere beobachten. Bei der Regenalm rechts hinunter über hunderte von

Treppen zum Königssee (auf der gegenüberliegenden Seite des Sees St. Bartholomä). Der Weg wird öfters gründlich überholt, über Wegbeschaffenheit vorher bei der Kurdirektion erkundigen. Am Seeufer südlich zum Obersee (nach rechts zum Kessel ist der Steig sehr gefährlich). Mit dem Schiff von Salletalm nach Königssee, Seelände retour.

Kneifelspitze, 1189 m

Der günstigste Ausgangspunkt für die Kneifelspitze ist Maria Gern (Busverbindung), etwas weiter ist der Anstieg von Berchtesgaden, Salzburger Straße, über Metzenleiten. Der Weg führt von Maria Gern zunächst zur Marxenhöhe, dann über Wiesengelände und durch Waldstreifen zum Kneifellehen.

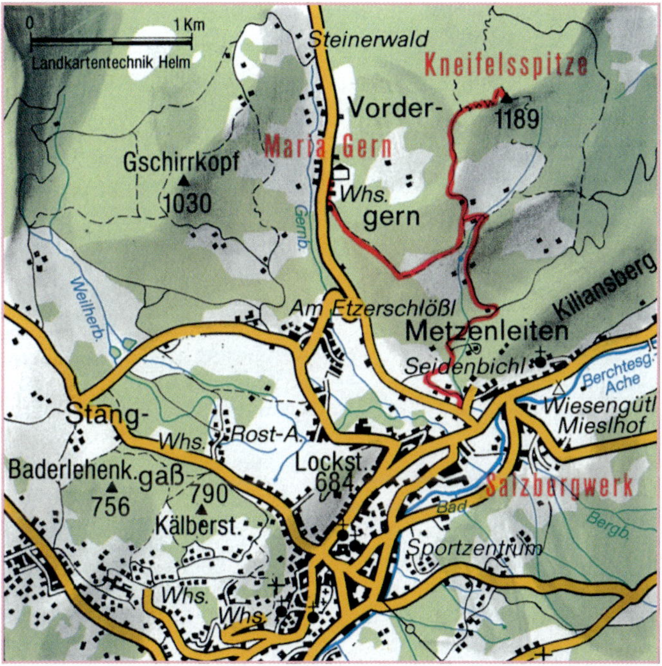

Von dort steigt er über Südhänge in Windungen zur höchsten Erhebung an. Oder von der Salzburger Straße (Parkplatz Salzbergwerk) auf dem Metzenleitenweg über Kropfleiten, Hausknechtlehen zum Gasperl. Von dort auf dem breiten Fahrweg ständig steigend bis zum Gipfel. Die Paulshütte wurde 1977/78 neu erbaut (Selbstbedienung) und erfreut sich auch bei Einheimischen großer Beliebtheit. Im Winter meist geöffnet (ist die Fahne vor dem Haus aufgezogen, ist geöffnet) keine Übernachtungsmöglichkeit. Wie ein riesiges Gemälde breitet sich das Berchtesgadener Tal mit dem Rahmen seiner Berge aus, für 2 Stunden Gehzeit gewinnt man einen unerwartet informativen Überblick. Etwa 10 Minuten von der Paulshütte auf gleicher Höhe die „Salzburger Aussicht“. Von dort sehr schöner Rundblick auf den Untersberg, auf das Salzburger Land, Oberau und Hohen Göll, Watzmann.

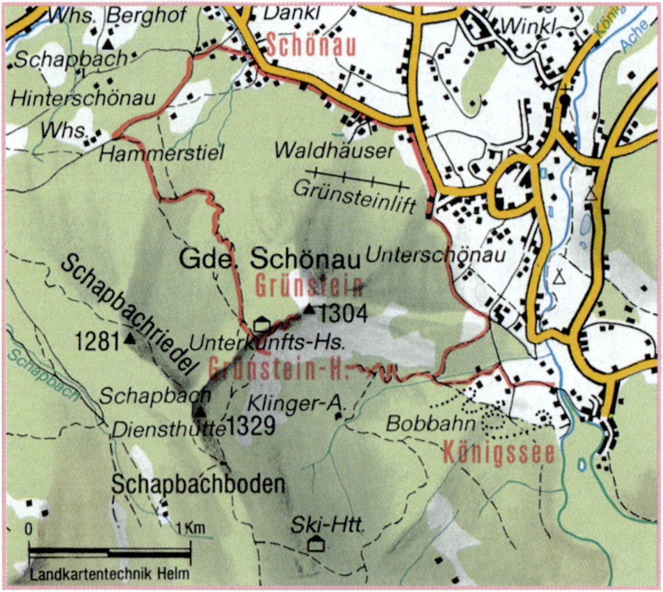

Toter Mann, 1388m

Selbst wer bis Hochschwarzeck fährt und dann mit dem Sessellift hinaufschwebt, sollte von der Bergstation Hirscheck noch das kurze Stück bis zum Gipfel des Toten Mannes gehen. Sonst ab Zipfhäusl – Hochschwarzeck, 1¼ Std., über Ilsank – Söldenköpfl 2½ - 3 Std., teilweise steil, hohe Stufen, von Bischofswiesen über Loipl 2½ - 3 Std. Für Kraftfahrer, die eine Rundwanderung machen wollen, weil der Abstieg fast zum Parkplatz führt. Vom Toten Mann schöne Aussicht in das Wimbachtal, nach Ramsau und auf alle umliegenden Berge.

Grünstein, 1304 m

Auch der Grünstein vermittelt starke alpine Eindrücke. Kürzester Anstieg von Königssee über Seeklause - Kunsteisrodelbahn in den Klinggraben, nach der 4. Kurve (Wegtafel) rechts aufwärts in 1¾ Std., teilweise steil.

Oder von Ilsank über Hammerstiel, 2 Std., weniger steil, jedoch anhaltende Steigung. Unterhalb des Gipfels Bergwirtschaft. Die Aussicht umfaßt Teile des Ramsauer Tales, Schönau, Berchtesgaden, Königssee. Imponierend wirkt die unmittelbare Nähe des Watzmanns, besonders reizvoll ist der Gletscherblick auf den Hochkönig. Als Halbtagestour ist der Grünstein auch als Rundwanderung zu empfehlen. Vom Parkplatz in Königssee über die Klingalm zum Gipfel. Zurück nach Schönau und mit dem Bus wieder nach Königssee.

Bergtouren

Die Wanderwege und Bergpfade sind gut mit Wegtafeln versehen. In höheren Lagen sind teilweise in bestimmter Entfernung rote Farbflecke an Bäumen oder am Weg liegendem Gestein angebracht. Auch geben Steindauben (pyramidenartig zusammengelegte Steinhaufen) bei kleinen, wenig begangenen Steigen Hinweise über die Wegführung. Es erfordert ständige Aufmerksamkeit, sich daran zu orientieren. Die Wege sollen unter keinen Umständen verlassen werden, auch nicht, wenn das Gelände harmlos erscheint. Für Wanderungen und Bergtouren ist Regen- und Kälteschutz notwendig, denn jede Wetterverschlechterung hat im Gebirge meist einen Temperaturrückgang zur Folge. Bergschuhe sollen Profilsohlen haben. Mitnahme von Traubenzucker, Schokolade, Dörrobst oder ähnliches ist ratsam. Für Kinder genügend zum Trinken einplanen! Keine Steine ablassen. Im Naturschutzgebiet ist es verboten, Blumen zu pflücken, Pflanzen auszugraben (Kontrollen), Wild zu beunruhigen. Ein wesentlicher Teil der Bergunfälle ereignet sich aus Unkenntnis oder Unerfahrenheit der Touristen. Bergsteiger sein, das bedeutet mehr als Training, Kraft und Mut, es bedeutet eine Summe von Erfahrung und Wissen.

Bergführer

Bannert Roland; 08652/3292
Bauernfeind Gustl, 08652/8261
Brandner Dirk, 08652/690899
Brandner Michael, 08652/63176
Geyer Peter, 08651/71312
Graßl Toni, 08657/97760
Grassl Michael, 08652/62869
Hang Raphael, 08657/546 o. 271
Huber Thomas, 08652/690990
Ilsanker Franz, 08652/7733
Kaluza Horst, 08652/4750
Klausner Rudi, 08652/63810
Koller Richard, 08652/3176
Lenk Paul, 08657/618
Nagl Hubert, 08657/711
Palzer Wolfgang, 08657/626

Pretzl Walter, 08652/64429
Steinbacher Albert, 08652/5575
Steinbacher Thomas, 08652/5575
Stöckl Uli, 08657/1260
Zembsch Heinz, 08652/5371
Auskunft und Tarife:
Verband Deutscher Berg- und Skiführer, Peter Geyer, Untersbergstraße 34, 83451 Piding, Tel. 08651/71312.
Bergführerobmann Dirk Brandner.

Alpines Notsignal: Sechsmal in einer Minute ein sicht- oder hörbares Zeichen geben. Eine Minute Pause. Wiederholung der Zeichen. – Antwort, wenn das Notzeichen erkannt wurde: dreimal in der Minute sicht- oder hörbare Zeichen, eine Minute Pause, Wiederholung. – Sicht- oder hörbare Zeichen sind: Rufen, Blinken (mit einer Lampe), Schwenken von Tüchern, Feuerstelle errichten, einfach alles, was dazu dient, sich bemerkbar zu machen. Bei Unglücksfällen: den Kranken so gut wie möglich versorgen, evtl. mit Seil sichern, gegen Regen und Kälte schützen. Möglichst beim Verletzten bleiben und Hilfe herholen (Notsignale). Keine Experimente. – Die Bergrettungsdienste im Berchtesgadener Land sind mit modernsten Rettungsgeräten ausgestattet und können in kürzester Zeit Hilfe bringen (Hubschrauber, Akja, Stahlseilgeräte etc.).

Generelle Rufnummer in Notfällen: Rettungsleitstelle Traunstein Tel.: 19222 od. Handy: 112

Zuständige Polizei für den Gebirgsbereich: Polizei Berchtesgaden, Tel.: 08652/94670

Watzmann, 2713m

Der Watzmann (südlich von Berchtesgaden) ist ein Bergmassiv mit einer Reihe von selbständigen Gipfeln (höchster Punkt Mittelspitze mit 2713 m) und Vorbergen. Von Berchtesgaden aus sieht man ihn in der einprägsamsten Form: die beiden ungleich hohen Gipfel, getrennt durch ein schmales Kar, das in fünf Spitzen ausläuft. Der »Große Watzmann« besteht aus drei Gipfeln, durch einen schmalen Grat verbunden, der nach Süden zieht. Das Hocheck kann von guten Wanderern bestiegen werden. Die Mittelspitze setzt absolute Schwindelfreiheit und körperliche Gewandtheit voraus. Die Überschreitung der drei Watzmannspitzen ist eine der schönsten Gratwanderungen, jedoch sehr lang, ausgesetzt und die Route ist, zumal im Abstieg, nicht leicht zu finden. Von St. Bartholomä aus die höchste Wandflucht der Ostalpen.

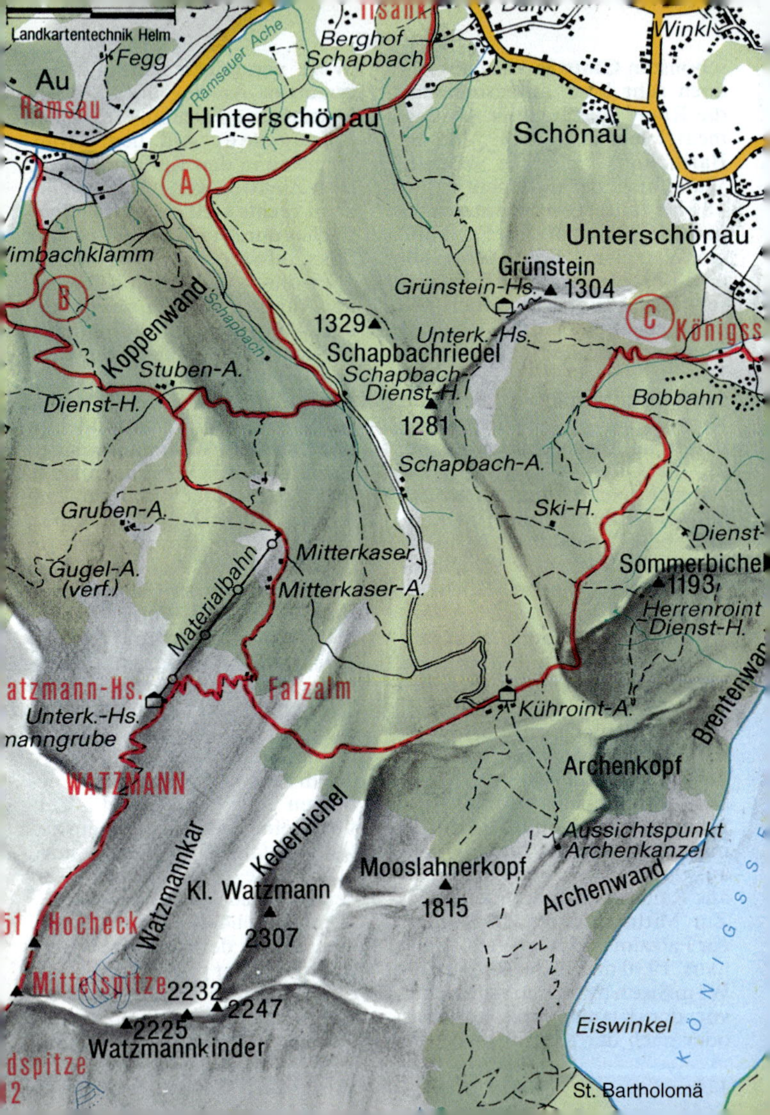

Landkartentechnik Helm
Fegg
Au
Ramsau
Berghof
Schapbach
Ramsauer Ache
Hinterschönau
Winkl
Schönau
A
Unterschönau
Wimbachklamm
Grünstein
Grünstein-Hs.
1304
B
Koppenwand
Schapbach
1329
C
Königss
Unterk.-Hs.
Schapbachriedel
Stuben-A.
Schapbach-
Dienst-H.
Dienst-H.
Bobbahn
1281
Schapbach-A.
Ski-H.
Gruben-A.
Dienst-
Mitterkaser
Sommerbichel
Gugel-A.
(verf.)
Materialbahn
Mitterkaser-A.
1193
Herrenroint
Dienst-H.
atzmann-Hs.
Falzalm
Kühroint-A.
Unterk.-Hs.
nanngrube
Brentenwan
Archenkopf
WATZMANN
Kederbichel
Watzmannkar
Aussichtspunkt
Archenkanzel
Mooslahnerkopf
Kl. Watzmann
1815
Archenwand
2307
Hocheck
Mittelspitze
2232
2247
2225
Watzmannkinder
Eiswinkel
dspitze
St. Bartholomä

Das Watzmannhaus auf dem Falzköpfl

Schutzhütten: Watzmannhaus, 1930 m, auf dem Falzköpfl am Watzmann. Eines der größten Berchtesgadener Berghäuser, von Mitte Mai bis Mitte Oktober voll bewirtschaftet. Betten, Matratzenlager, Notlager, Winterraum. Tel. 08652/964222. **Kührointhaus,** 1420 m auf der Kühroint. Vom Bundesgrenzschutz in Anspruch genommen, für die Öffentlichkeit nicht zugänglich. Neben dem Kührointhaus die **Kührointhütte,** Tel. 0171-3533369. - **Wimbachgries-Hütte** siehe bei Hochkalter.

Watzmann-Hocheck, 2651m, 7 Std., markiert, anstrengend, für gute Geher. Es gibt verschiedene Anstiege: a) von Ilsank. Über die Brücke, auf der Straße zur Duftsiedlung, dann rechts ab durch den Wald zum Parkplatz Hammerstiel. Hier Parkmöglichkeit (auf einer Straßenseite ist das Parken kostenlos!), weiter zur Schapbach-Holzstube. Rechts in mäßiger Steigung durch Wald aufwärts, Vereinigung mit dem aus Ramsau herführenden Weg. Zur Mitterkaseralm, in Kehren zur Falzalm und zum Watzmannhaus, 1930 m. b) Von Ramsau

Wimbachbrücke, entweder vor der Klamm links aufwärts oder nach der Klamm links, die Wege vereinigen sich bald. Bequemster Anstieg über Stuben-, Mitterkaser-Falzalm.

c) Von Königssee an der Rodelbahn entlang aufwärts in den Klinggraben, auf dem Ziehweg weiter, beim Wildzaun rechts steil aufwärts, etwas flacher durch eine Schneise, dann links aufwärts zum 2. Wildzaun, eben durch Wald nach Kühroint, am Rand der Wiese weiter. Bei der Wegteilung links abzweigen in Richtung Watzmannkar, doch ehe sich dieses öffnet, rechts schwenken, an einem Brunnen vorbei durch Lärchenwald hinüber zu den Watzmannwänden (hoch oben das Watzmannhaus). Der Steig windet sich nun am felsigen Falzköpfl empor, manchmal etwas ausgesetzt, jedoch versichert. Auf der Falzalm erreicht man den allgemeinen Weg. – Bis zum Watzmannhaus rechnet man auf jedem Weg 3 – 4 Std. Großes AV-Haus mit Übernachtung, herrliche Aussicht, als Tagestour sehr lohnend! Aufstieg zum Hocheck 2 – 2½ Std., in zahlreichen Kehren über den Nordrücken. Zweimal Seilsicherungen und hohe Stufen. Vorsicht beim Grat, nicht hinaustreten, gefährlich wenn noch Schnee liegt (Wächten!). Auf dem Hocheck notdürftige Unterstandshütte. – Der Watzmann ist der höchste Berg weitum, daher schweift der Blick frei nach allen Seiten, man sieht von der Zugspitze bis zum Dachstein. Nach Süden schiebt sich als höchste Spitze der Berchtesgadener Alpen, die Watzmann-Mittelspitze (2713 m) vor. Nur absolut sicheren Gehern sei die Besteigung der Mittelspitze empfohlen!

Watzmann-Mittelspitze, 2713m, vom Hocheck ca. ½ Std., markiert und teils mit Drahtseilen gesichert. Nur für Schwindelfreie. Zum Hocheck, von dort südlich über den Grat hinab zur schmalsten Stelle, jetzt meist westlich der Grathöhe weiter und zuletzt auf ansteigendem Plattenband (künstliche Stufen) zur Mittelspitze (Nicht vom Steig abgehen, Absturzgefahr!).

Watzmann-Südspitze, 2712 m, von der Mittelspitze ca. 1½ – 2 Std., markiert und teilweise gesichert. Der Übergang von der Mittelspitze zur Südspitze wird Ungeübten dringend abgeraten, da er Ausdauer, alpine Erfahrung und Schwindelfreiheit erfordert. Kein Abstieg auf der Westseite ins Wimbachtal! Von der Mittelspitze der roten Mar-

Die Falzalm mit Watzmannfrau und den fünf Kindern

kierung folgend teilweise auf dem Grat, teils westlich des Grates zum Südgipfel. Der Grat ist oft stark ausgesetzt. Abstieg von der Südspitze ins Wimbachtal schwierig, nicht markiert.

Kleiner Watzmann, 2307m, 5 – 6 Std., nicht markiert. Die Besteigung des Kleinen Watzmann setzt Bergerfahrung voraus. Selbst der gewöhnliche Steig über den Nordostgrat erfordert Schwindelfreiheit und Klettertechnik. Von Kühroint führt der Steig zum Wasserbehälter, dann links eine Schneise empor zum Kederbichl. Durch steilen Lärchenwald, durch eine Latschengasse zum Grat, der ziemlich schmal wird. Kurz darauf Abbruch, ausgesetzte Kletterstelle. Unterhalb des Gipfelaufbaues nach links über einen Grat und durch eine Rinne sowie über eine Platte zum Gipfel.

Die **Watzmannkinder** setzen ebenfalls gute Bergerfahrung voraus, lediglich das „Dritte Kind" ist unschwierig, doch sehr mühsam. Man kann dagegen von Kühroint aus durch das Watzmannkar bis zur Watzmannscharte (ca. 2222m) wandern. Hier hat man einen guten Einblick in die gewaltige Watzmann Ostwand und zum Steinernen Meer. Kühroint bis Watzmannscharte etwa 2½ – 3 Std., wenig markiert.

Kühroint – Rinnkendl – St. Bartholomä, 2½ – 3 Std., teilweise ausgesetzt (Schwindelfreiheit), mühsam, jedoch landschaftlich großartig. Von der Kührointhütte in südöstlicher Richtung (Wegweiser) durch den Wald, über die Forststraße zur Archenkanzel (Aussichtspunkt, herrlicher Tiefblick zum Königssee). Kurz vor der Archenkanzel zweigt links in einer Schlucht der Rinnkendlsteig ab. Steil abwärts, teils auf künstlichen Anlagen, manchmal ausgesetzt, besonders beim Überqueren der Felsrinnen. Später in engen Kehren hinunter. Am Seeufer entlang nach St. Bartholomä. Tour in umgekehrter Richtung wenig vorteilhaft (direkte Sonneneinstrahlung).

Trischübel, 1754 m, 4 Std., markiert. – Trischübel ist ein Paß zwischen Watzmann und Steinernem Meer. Der Übergang ist eine äußerst reizvolle, lohnende und eindrucksreiche Tour. Vom Landungssteg St. Bartholomä südlich am See entlang (Funtenseeweg), in Windungen zur Schrainbach-Holzstube, dann durch Wald. Achtung: nach dem Wald rechts am Baum Wegtafel! Hier rechts abzweigen, über Sandreißen quer aufwärts. Unter einer Felswand der Hachelköpfe gesicherter Durchstieg, die Sigeretplatte (Schwindelfreiheit!). Allmählich in ein Hochtal (Quelle!) und zum Paß Trischübel. Oben Jagdhütte, nicht geöffnet! Schöner Blick. Abwärts ins Wimbachtal über die Wimbachgrieshütte zur Haltestelle Wimbachbrücke. Empfehlenswerter ist die Tour in umgekehrter Richtung (von Wimbach nach Königssee).

Hirschwieskopf, 2114 m, 5 Std. – Wie vorhergehend nach Trischübel. Der Hirschwieskopf erhebt sich nördlich, Richtung Watzmann. Man steigt pfadlos den breiten Hang aufwärts bis zum höchsten Punkt. Eine faszinierende Aussicht: die ungeheueren Watzmannabstürze, der Königssee, der steil aufragende Hundstod, prächtig der Obersee mit den Teufelshörnern.

Hochkalter, 2607 m

Das Hochkaltergebirge zählt zwar zu den schönsten Gruppen des Berchtesgadener Landes, aber wegen seiner alpinen Schwierigkeiten bleibt es den kundigen Bergsteigern vorbehalten. Es sind wenig Markierungen vorhanden und keiner der Steige ist mit Sicherungen versehen. Der Bergstock gliedert sich in den Hochkalter-Hauptkamm (Hochkalter-Gruppe), die Hocheis-Gruppe und die Südliche Wimbachkette. Am Hochkalter liegt der nördlichste Gletscher der Alpen, das Blaueis. Der Gletscher ist im oberen Teil etwa 55 Grad geneigt, ungefähr 1 km lang und fast 300m breit. Zahlreiche Quer- und Längsspalten durchziehen ihn. Im Hauptkamm ist der Hochkalter mit 2607m, der höchste Gipfel, der Kleinkalter ist 2513m hoch, während in der Hocheisgruppe die Hocheisspitze mit 2523m Hauptgipfel ist. In der Wimbachkette ist das Alpelhorn mit 2257m beherrschend; das Große Palfelhorn (2219 m) mit den bizarren Formen erhebt sich im hinteren Wimbachtal.

Schutzhütten: Blaueishütte, 1680 m, am Hochkalter. Von 15. Mai bis 15. Oktober voll bewirtschaftet, Winterraum. Matratzenlager und Betten. Wichtiger Stützpunkt für Hochkaltergruppe. Tel. 08657/271 oder 546. Von Ramsau über Schärtenalm in 3½ Stunden zu erreichen. **Gasthaus Hirschbichl,** 1153 m, neben dem österreichischen Zollhaus. Betten und Matratzen. In 2 Stunden von Hintersee zu erreichen, Tel. 0043/6582/8354.

Wimbachschloss, 937 m, auf dem Weg in das Wimbachtal. Im Sommer bewirtschaftet, keine Übernachtungsmöglichkeit, Tel. 08657/343 oder 554. **Wimbachgrieshütte,** 1327m, im hinteren Wimbachtal. Bewirtschaftet und Übernachtungsmöglichkeit. Übergang von Trischübel nach St. Bartholomä möglich; 2 Std. von der Wimbachbrücke, Tel. 08657/344 oder 657. **Blaueishütte,** 1680m, 3½ Std., gut markiert. Ramsau – Oberwirt, die Hinterseer Straße bis zur Brücke nach dem Pfeifenmacherlehen, über diese, auf bezeichnetem Weg bergauf, zuerst links, dann rechts abbiegen (Tafeln). Durch Wald und Waldblößen zur bewirtschafteten Schärtenalm. Aufstieg zur Schärtenalm auf markiertem Weg auch von Hintersee aus. Bei der Schärtenalm kurz eben und dann ins Blaueiskar, immer steigend bis zur Hütte. Von hier in 45 Min. zum Blaueisgletscher. Interessante Tour, hochalpine Eindrücke. Niemals ungesichert auf den Gletscher gehen; äußerst gefährlich ist im Sommer die Randkluft.

Hochkalter, 2607m, für Geübte oder mit Führer! 7 – 8 Std., einer der schönsten und interessantesten Hochgipfel der Berchtesgadener Alpen. – Von Ramsau oder Hintersee zur Blaueishütte, 3½ Std. von hier a) über den Schönen Fleck und den Kleinkalter, 3 Std. Zunächst zum Standort der ehemaligen Hütte, dann bei den Blöcken im Eisboden scharf rechts, über Geröll durch eine Schuttmulde aufwärts, steil und etwas mühsam, weiter oben über einen Plattenschuß (Kletterei mit mittelschwerer Stelle) und zur Einsenkung im Grat. Auf diesem aufwärts (Steindaubenmarkierung!) und in leichter Kletterei über einen Absatz hinauf. Nun auf den Rotpalfen oder westlich um diesen und weiter auf dem Grat zum Kleinkalter. Leicht abwärts in die Kleinkalterscharte, dann wieder am Grat entlang auf den Hochkalter. Gute Aussicht, hochalpine Eindrücke. b) Über den Blaueisgletscher und die Blaueisscharte (bei ungünstigen Eisverhältnissen sehr gefährlich, Führer!) 2½ Std. zum Gletscher und steil über diesen hinauf. Unterhalb der Blaueisscharte rechts zu den Felsen des Hochkalters und über die Randkluft (je nach Eisverhältnissen mehr oder weniger schwierig). Nun oberhalb des Gletschers im gut ge-

Der Blaueisgletscher

stuften Quergang zur Blaueisscharte, dann in einer steilen Rinne empor, nach einiger Zeit zur rechtsseitigen Rinne hinüberwechseln und in dieser weiter auf den Gipfel. Mittelschwere Tour, gute Verhältnisse vorausgesetzt. Abstieg in das Ofental zur Hirschbichlstraße und nach Hintersee, 3 Std., technisch nicht besonders schwierig, jedoch nicht leicht zu finden. Vom Gipfel über gestuften Fels und durch Geröllrinnen zuerst in südwestlicher Richtung abwärts. Von einem Köpfl scharf links bis zur Ofentalscharte. Von hier nicht in der Falllinie absteigen, sondern immer nach links bis zum höchsten Punkt des Ofentales, dann erst Abstieg über Schroffen und Schutthalden in die große Hochmulde des Ofentals, über Schnee und Geröll abwärts. Am Schluß rechts halten, um den bei der Vegetationsgrenze einsetzenden Jagdsteig zu erreichen. Auf diesem abwärts zur Hirschbichlstraße, von dort in 20 – 25 Min. nach Hintersee.

Hocheisspitze, 2523m, nur für Geübte, 4½ – 5 Std., von der Bindalm an der Hirschbichlstraße. – Von der Bindalm auf Ziehweg zu den Mittereisalmen. Nun auf Jagdsteig, sich an die linke Talseite haltend zu den verfallenen Hocheisalmen, weiter auf gutem Jagdsteig bis zu einem Stand, dann weglos ins Hocheiskar. Über steile Schuttfelder und Schnee zur tiefsten Grateinschartung südlich des Hocheisgipfels, in leichter, kurzer Kletterei auf die Hocheisspitze. Von hier in mittelschwerer Gratkletterei auf das Hochkammerlinghorn und Kammerlinghorn mit Abstieg nach Hirschbichl. Interessante Unternehmung, jedoch nur für bewährte Bergsteiger.

Kammerlinghorn, 2511m, 3½ Std., markiert. Von Hintersee auf Hirschbichlstraße zur Bindalm (auch mit dem RVO-Wanderbus erreichbar) und auf dem Holzziehweg zu den Mittereisalmen. Ein Stück die Wasserleitung entlang, im Eisboden scharf nach rechts und den steilen Graben hinauf. Durch Latschen (hier mündet der Weg von den Kammerlingalmen ein) und auf dem Grat über eine Schulter zum aussichtsreichen Gipfel.

Kallbrunn, 1453m, 4 – 5 Std. von Hintersee. Auf den Hirschbichl (Grenze) und die Paßstraße abwärts, nach etwa 10 Min. links zum Forsthaus Falleck. Entweder abwärts in die Schlucht, diese queren, aufwärts

Blaueishütte

zum Futterhof, nach diesem auf der Fahrstraße in mäßiger Steigung zur Kallbrunnalm. Oder von Falleck eben weiter in Richtung Kematenalm, über den Kematenbach, wieder zurück bis zum Futterhof, auf Fahrstraße zu den Kallbrunnalmen. Es ist die größte Hochalm des Berchtesgadener Landes, von bayer. und österr. Almbauern gemeinsam bewirtschaftet. Geht man nun ein Stück in Richtung Hochkranz 1957m (der südwestliche Eckpfeiler der Berchtesgadener Alpen), genießt man eine schöne Aussicht. Auf der Fahrstraße weiter nach Dießbach, zum Stausee, von Kallbrunn 30 Minuten.

Steinernes Meer, 2653m

Das Steinerne Meer bildet einen großen, weitausgedehnten Gebirgsstock mit vielen Gipfeln und drei Stützpunkten: Kärlingerhaus am Funtensee, Ingolstädter Haus auf der Dießbachscharte und dem Riemannhaus auf der Ramseiderscharte. Zauberhaft sind der Schwarzsee und der Grünsee, reizend almerisch der Funtensee, üppige Vegetation im unteren Teil; die verkarstete Hochfläche dagegen schimmert wie silbrige Wellenkämme. Große Einsamkeit. Bei Nebel sehr schwierige Orientierung.

Schutzhütten: Kärlingerhaus (oder Funtenseehaus), 1630m, von Mitte Mai bis Mitte Oktober voll bewirtschaftet, Winterraum, Betten und Matratzen, Tel. 08652/2995. Von Bartholomä aus in gut 4 Std. erreichbar. Wichtiger Stützpunkt für die Gipfel des Steinernen Meeres, die alle vom Kärlingerhaus aus in einem Tag begangen werden können. **Ingolstädter Haus,** 2119m, auf der Dießbachscharte. Von Mitte Juni bis Anfang Oktober bewirtschaftet, Betten, Matratzenlager. Vom Kärlingerhaus 2½ Std. in südwestlicher Richtung auf österreichischer Seite, Tel. 0043/6582/8353. **Riemannhaus,** 2177m. In der Ramseiderscharte im südlichen Steinernen Meer. Von Mitte Juni bis Anfang Oktober bewirtschaftet, Betten und Matratzenlager, Tel. 0043/6582/733-00. In 4 Std. von Saalfelden und in je 2½ Stunden vom Kärlinger- und Ingolstädter Haus zu erreichen. **Peter-Wiechentaler-Hütte,** 1707 m, am Kienalkopf (Südabfall des Steinernen Meeres). Von Mai bis Oktober bewirtschaftet. Betten und Matratzen. Nach Saalfelden 2 – 3 Std. In der Röth besteht auf der **Wasseralm** (Selbstversorgerhütte) einmalige Übernachtungsmöglichkeit! Aufenthaltsraum und Kochgelegenheit nur bei Anwesenheit der Hüttenaufsicht zugänglich.

Saugasse – Funtensee, 1601 m, markiert. – Mit dem Schiff nach St. Bartholomä. Zur Burgstallwand u. Schrainbach und durch die in Serpentinen ansteigende Saugasse auf markiertem Weg nach Funtensee, 4 Stunden. Guter Weg, landschaftlich schön, Funtensee romantisch im Bergkessel. Oder: von Sallet am Obersee über die Sagereckerwand, zum Grünsee, und Funtensee, 5 Std. Der Abstieg über Sagereck ist infolge vieler hoher Stufen unangenehm. Alle übrigen Unternehmungen erfordern mehr Zeit. Zeitangaben für folgende Touren vom Kärlingerhaus gerechnet:

Viehkogel, 2158 m, 2 Stunden. Auf bezeichnetem Weg westlich um den Viehkogel, teilweise steil, zu einer Diensthütte, hier scharf nach Osten und zuletzt über den Gipfelhang. Leicht, wenig anstrengend. Da sich der Viehkogel inmitten des Steinernen Meeres erhebt, gestattet er den besten Überblick.

Ramsau
2094
Hundstodgruben
Gjaidkopf
2268
Gjaidgraben
Hundstodgatterl
2330
Schneiber
St. Bartholomä
Saugasse
Neuhütten (verf.)
1865
Bärengraben
Oberlahner-A. (verf.)
Grüberl
Hundstodscharte
Grenzköpfe
Bärenloch-A. (verf.)
Ofenloch
Hirschwand
Unterk.-Hs.
Ingolstädter-Hs.
Schönbichl-A. (verf.)
Hirsch
1993
Geigen
Schäfer-H.
1630
Unterk.-Hs.
1912
Funtensee
Funtensee-A.
Zirbenmarterl
Viehkogeltal-H.
Viehkogel
2158
Hamburger Brünnl
Schnittlachköpfe
2095
Schafgasse
Baumgartl
2307
STEINERNES MEER
Weißbachscharte
Praterstern
2150
Rotwandl
2231
Wunderquelle
Eichstätter Weg
1 Km
Mitterhorn
Persalhorn
2491
2177
Unterk.-Hs
2177
SCHÖNFELDSPITZE

Feldkogel, 1886m, 1 Std. Wanderung von Funtensee nach Osten, im ersten Graben hinauf zur Feldalm und nördlich bis zum höchsten Punkt. Wunderbarer Blick auf den Königssee und den Grünsee.

Funtenseetauern, 2578m, 4 Std., markiert. Vom Funtensee östlich zur Feldalm, auf gekennzeichnetem Weg weiter (die Almen bleiben links). Entweder am Anfang des Hochtales gleich links über den Stuhlwandrücken empor und über den Grat oder auf dem Skiweg in der Mitte des Berges auf grasbewachsenen Hängen hinauf und später nach links gegen den Grat aussteigen.

Schindlkopf, 2353m, 4 Std. Vom Ingolstädter Haus auf dem Eichstädterweg bis rechts Steindauben auf einen Rücken weisen, von dem man an den Fuß des Berges gelangt. Von Norden zu der Einsattelung zwischen beiden Gipfeln, rechts Hauptgipfel. Leicht, ausnehmend schöne Aussicht.

Sommerstein, 2308m, 30 Min. vom Riemannhaus. Dieser Felsklotz ist leicht auf gesichertem Steig vom Riemannhaus zu ersteigen. Lohnenswerte Aussicht.

Schönfeldspitze, 2653m, kühne Berggestalt, wundervolle Aussicht, nur bei gutem Wetter! a) vom Riemannhaus, 2 Std. Auf gut bezeichnetem Weg unter dem nach Osten ziehenden Kamm leicht ansteigend, dann zu einer versicherten Rinne und in dieser hinauf, jetzt auf einem Band quer durch die Südseite des Berges (ausgesetzte Stelle!) zur Ostflanke und auf den Gipfel. – b) direkter Weg von Funtensee über die Buchauerscharte, 4 Std. Von Funtensee auf dem Weg zum Riemannhaus, jedoch vor dem Steilabfall des österr. Baumgartls links abzweigen, blaue Markierung. Steindauben. An den Südwesthängen des Schottmals entlang, nach einiger Zeit öffnet sich rechts die Schönfeldgrube. Einmündung des Weges vom Riemannhaus. Bei der nächsten Wegteilung rechts nach Südwesten abbiegen, über Schutthalden zur Buchauerscharte. Nun in Richtung des Grates, der rechts zur Schönfeldspitze zieht, weiter, teils rechts, teils links ausweichend. Kurz vor der Einschartung über gutgriffigen Fels abwärts und dann über den schrofigen Südostgrat auf den Gipfel. – c) Nordgrad, kürzester Weg von Funtensee, Anstieg aus der Schönfeldgrube. Schöne, mittelschwere Kletterei.

Breithorn, 2504m, 4 Std. – Von Funtensee auf gut angelegtem Weg durch das Baumgartl zur Hochfläche des Steinernen Meeres. (Weg nie verlassen!) und zum Riemannhaus. Von hier auf bezeichnetem Weg auf das Breithorn.

Großer Hundstod, 2594m, 4 – 5 Std. – Auf markiertem Weg westlich zum Ingolstädter Haus. Nun in nordwestlicher Richtung auf rot bezeichnetem Steig über begrünte Schrofen und Geröllhalden zum Gipfel. Leicht, schöne Gipfelschau.

Empfehlenswerte Rundtour: Funtensee – Riemannhaus – Eichstädter Weg – Ingolstädter Haus – Funtensee. 7 Stunden. Ganz besonders schön, sehr beliebt, leicht, gut markiert (Steig nicht verlassen!) Abstiege: Von Funtensee über Ingolstädter Haus – Mitterkaser – Dießbach – Kallbrunn – Hirschbichl – Hintersee, 10 Std.

Reiteralpe, 2286m

Der Gebirgsstock der Reiteralpe besteht aus zahlreichen selbständigen Gipfeln und einer eingesunkenen Hochfläche, die sich durch große landschaftliche Schönheit auszeichnet. Während der nördliche Teil Wiesen und Almflächen, Krummholzbestände und herrlichen Baumwuchs (Zirben) zeigt, ist der südliche Teil großartiges Felsland mit kühnen Hörnern, jähen Wänden und Kanten, Bereich vieler Felsklettereien von äußerster Schwierigkeit, wie die „Direkte Südkante des Großen Mühlsturzhorns" oder die „Südwestwand des Kleinen Mühlsturzhorns" (hier großer Felssturz im September 1999. Etwa 200.000 m^3 Fels aus einer 180 mal 80 m großen Abbruchstelle stürzten zur Fahrstraße). Die Reiteralpe wird im westlichen Teil weitgehend von der Bundeswehr beansprucht.

Schutzhütten: Neue Traunsteiner Hütte, 1560m, Tel. 08651/1752. Bewirtschaftet von April bis ca. 20. Oktober, Betten und Matratzen. Am besten über Jettenberg, 4 Std. von Hintersee länger und schwieriger über Böslsteig in 5 Std., von Schwarzbachwacht an der Alpenstraße in 3½ Stunden erreichbar. **Alte Traunsteiner Hütte,** 1600m, auf der Reiteralm. Nicht bewirtschaftet, Übernachtungsmöglichkeit. Anstieg von Unken im Saalachtal, 3½ Stunden, oder von Jettenberg 4 Stunden. **Wartsteinhütte,** 1605m, südlich des Wartstein, militärischer Stützpunkt, der Allgemeinheit nicht zugänglich. Der beste Anstieg führt von Jettenberg über den Schrecksattel, 4 Std., markiert. Man fährt von Berchtesgaden-Ramsau nach Jettenberg, links abzweigenden Straße (Tafel) bis zu den Zollhäusern. Beim ersten Bauernhof links (Tafel) ab und nun immer auf markiertem Weg 474 zum Schrecksattel. Am Anfang Forststraße, dann links, nördlich zur Wartsteinhütte, rechts zu den Traunsteiner Hütten. – Der Böslsteig von Hintersee ist versichert und kann im Sommer bei trockenem Wetter von bergerfahrenen Touristen begangen werden. Der Aufstieg über das Wachterl ist schön und nicht gefährlich. 3½ – 4 Std. vom Wachterl, hier Markierung, zuerst eben durch Wald, dann ansteigend zum Plateaurand und zur verfallenen Schwegelalm. In abwechselnder Steigung über die unübersichtliche Hochfläche. Nach einiger Zeit rechts Abzweigung zur Wartsteinhütte (Tafel), zur Neuen Traunsteiner Hütte auf dem bezeichneten Weg weiter. (Man sieht das Haus erst, wenn man unmittelbar davor steht.) Der Anstieg, 3 – 4 Std., ist schön und abwechslungsreich, doch nicht sehr beliebt und nur im Sommer bei trockenem Wetter zu empfehlen. Markierungen beachten.

Gr. Weitschartenkopf, 1980m, 1 Std., markiert, unmittelbar vom Unterkunftshaus aus, leicht, großartiger Ausblick.

Großes Häuslhorn, 2284m, 2½ Stunden. Durch das Almgelände der Reiteralpe in die Rossgasse, südöstlich, bezeichnet! Später nach rechts in die Mulde, die vom Kleinen Häuslhorn und den Hohen Windlöchern gebildet wird. In die Scharte zwischen den beiden Gipfeln und von hier entweder auf das Große oder Kleine Häuslhorn.

Wagendrischlhorn, 2253m, 3 Stunden. Dieser schöne Gipfel ist einfach zu erreichen, leicht, mäßig steil durch die Rossgasse, an den Häuslhörnern vorbei. Wo der bezeichnete Weg zur Mairbergscharte ins Wagendrischlkar hinunterführt, rechts halten und durch eine Mulde auf den nordwestlichen Gipfelhang.

Stadelhorn, 2286m, ist durch die Mairbergscharte vom Wagendrischlhorn getrennt, kann nur in leichter Kletterei erklommen werden.

Edelweißlahner, 1955 m, **Schottmalhorn,** 2048 m, etwa 3 Std. Durch die Steingasse, bezeichnet, und dann links an den Ostrand des Plateaus. Köstlicher Tiefblick, in-

Deutsche Alpenstraße
bei Ramsau mit Reiteralpe

formativer Einblick in die Hochkaltergruppe.

Lattengebirge, 1739 m

Wer von Berchtesgaden nach Bad Reichenhall fährt, sieht im Nordwesten ein langgezogenes Gebirge, das beim Paß Hallthurm jäh ins Tal stürzt: es ist das Lattengebirge. Der langgezogene Kamm hat nur in den nördlichen Ausläufern lohnende Erhebungen, von denen die bedeutendsten Karkopf (1739 m), Hochschlegel (1688 m) und Dreisesselberg (1680 m) sind. Der Predigstuhl (1607 m) ist durch eine Seilbahn erschlossen. Deutlich sichtbar sind die Rotofentürme (auch Montgelasnase genannt), die in kurzer Zeit von Hallthurm aus erstiegen werden können. Der Bergstock ist reich bewaldet, viele Jagdpfade durchziehen das allerdings wenig markierte Gebiet. Guter Wildbestand. In der Nähe des Signalkopfes ein interessantes pilzähnliches Steingebilde: die „Steinerne Agnes". Seit 2004 zum „schönsten Geotop Bayerns" erhoben.

Schutzhütte: Predigtstuhlhotel, 1607 m. Mit der Seilbahn von Kirchberg in 10 Minuten erreichbar.

Mordau, 1200 m, 3 Std., markiert. Bushaltestelle Winkl. 2 Min. auf der Hauptstraße, dann links am Frechenbach entlang. Bei der Wegteilung links bleiben! Allmählich Steigung, teils in der Schlucht, teils seitlich hinauf, Einmündung eines Weges, durch Wald aufwärts bis sich das Gelände weitet und verflacht. Da stehen schon Almhütten und Jagdhaus, wunderschön gestaltet sich das Bild, auffallend hübsch die Überschneidung der Bergkulissen im Hintergrund. Ein guter Weg leitet abwärts, bald ist die Alpenstraße erreicht. In die Ramsau am schnellsten über den Kunterwegkogel.

Dreisessel, 1680 m, 4 Std., markiert. Von Hallthurm führt ein rot markierter Steig westlich hinauf zum Rotofensattel, ziemlich steil. Dann unterschiedlich ansteigend und absteigend zur „Steinernen Agnes" und zur Steinbergalm. Durch die Mulde nordwestlich zur Einsattelung zwischen Karkopf und Dreisessel. Jeder Gipfel in 20 Minuten erreichbar. – Tip für Rückweg: Entweder auf dem Anstiegsweg oder zum Predigtstuhl und Talfahrt mit der Seilbahn. Nach Süden auf den Törlkopf und hinunter zur Törlschneid. Auf der Skitourenab-

Stöhrhaus auf dem Untersberg am Berchtesgadener Hochthron

fahrt von hier zurück nach Winkl. Sehr empfehlenswert.

Untersberg, 1972 m

Der Untersberg gehört neben dem Watzmann-Hocheck zu den beliebtesten und meist besuchten Bergen des Berchtesgadener Landes. Der in nördlicher Richtung gelegene Bergstock ist auf den Normalanstiegen gut begehbar und bei klarer Sicht überaus lohnend. Bekannt ist der Untersberg für seinen Reichtum an Sagen, aber auch an Höhlen, der Kolowratshöhle nahe dem Dopplersteig auf österreichischer Seite, sowie den Schellenberger Eishöhlen. Der Berg sammelt in seinem Innern viel Wasser, er ist das Trinkwasserreservoir der Stadt Salzburg. Kilometerlang ist die Front seiner Süd-,Südost- u. Ostwände, durch die zahlreiche, zum Teil äußerst schwierige Klettertouren führen. Auf der österreichischen Seite befinden sich große Marmorbrüche.

Schutzhütten: Stöhrhaus, 1894 m, am Berchtesgadener Hochthron. Von

Kühstein
1439
Zeppezauer-Hs.
1668
Kabinenseilbahn
St. Leonhard
Geiereck
1806
Schellenbergsattel
Jägerbrünnl
Schweigmühl-A.
SALZBURGER HOCHTHRON
Drachenloch
Mückenbrünnl
1 Km
Gr. Eiskeller
1853
Krenbergkopf
Landkartentechnik Helm
Mittagscharte
Toni-Lenz-Hs.
Unterk.-Hs.
998
Gr. Heuberg 1852
Mitterkaser-
Dienst-H.
Kienberg-A.
Eishöhle
Zollamt
Mitterberg
1840
Hochbartkopf
Rauheck
1891
Stuhlwand
Halskopf
1198
Schade
Hochzinken
923
Markt Schellenberg
BERCHTESGADENER HOCHTHRON
1972
Goldbr.
Bachgr.
Kargr.
Lippen
Eggelpoint
UNTERSBERG
Silberkopf
Scheibenkaser
Grafen-H.
Hochkampschneid
Eckberg
1017
Dienst-H.
Ochsenberg
980
Almbachwand
Ludigr.
Neuhäusl
Ettenberg
Steingr.
Berchtesgadener Ache
Banngr.
Kocher
Bad
Stöhrweg
Kaltwasser Dienst-H.
Talgr.
Almbach
Auergraben
Almbachklamm
Waldl
Dienst-H.
Stiedler
Hammerstiel
Kugelmühle
Whs.
Gr.-
Rauhenkopf
Kl.-
1518
Theresienklause
Almbach
Kneifelspitze
1189
Dienst-H.
Maria Gern

Juni bis Mitte Oktober bewirtschaftet. Betten, Matratzen und Notlager. Tel. 08652/7233. Von Berchtesgaden aus in 4½ Std., von Bischofswiesen in 3½ Std. zu erreichen. **Zeppezauerhaus,** 1668 m, unterhalb der Bergstation am Geiereck, Mai – Oktober bewirtschaftet, Betten, Matratzen, Tel. 0043/6246/2246. Von Grödig in 3 Stunden erreichbar. **Toni-Lenz-Hütte,** 1450 m, in der Nähe der Schellenberger Eishöhle. Von Pfingsten - Mitte Oktober voll bewirtschaftet, Tel. 0043(0)6641341690. Übernachtungsmöglichkeit. In 3 Stunden von Schellenberg aus erreichbar. Übergänge zum Stöhrhaus und Zeppezauerhaus.

Die Untersberg-Seilbahn wurde 1961 erbaut und überwindet einen Höhenunterschied von 1320 Metern. Die Talstation befindet sich in St. Leonhard, etwa 2000 Meter nach dem ehemaligen Grenzübergang Schellenberg, die Bergstation ist auf dem Geiereck, nahe dem Salzburger Hochthron. Einige technische Angaben: 2 Kabinen für je 50 Personen, Länge der Seile 3030 Meter, Fahrzeit 7,5 Minuten, Fahrgeschwindigkeit 7 Meter in der Sekunde, größter Abstand vom Boden ist 285 Meter, zwei Stützen. Stärke der Seile 65 mm. Tarife nach Anfrage. Tel. 0043/6246/724770.

Berchtesgadener Hochthron, 1972 m, 4 Std., gut markiert, nicht gefährlich. Entweder von Maria Gern (Hintergern) aus auf bezeichnetem Weg und meist durch Wald, oder auch von Bischofswiesen über Aschau auf dem breiten Ziehweg zu den Rauhen Köpfen. Bei der Jagdhütte geradeaus, unterhalb der Rauhen Köpfe mündet der Weg beim „Kalten Brunnen“ in den von Maria Gern kommenden Weg ein. Über das Leiterl und einen Schräghang zum Stöhrhaus und auf den Gipfel. Herrliche Aussicht.

Eishöhle – Mittagsscharte, 1570 m, 3 – 4 Std., gut markiert. Eine außerordentlich beliebte und interessante Tour. Von Schellenberg auf der Straße nach Salzburg bis zum alten Zollturm. Hier links hinauf. Ziemliche Steigung, doch anregender Weg. Von der Unterkunftshütte schöner Blick ins Schellenberger Tal. Von hier in 15 Minuten zu den Eishöhlen. Führungen gegen Gebühr! Durchlässigkeit des Gesteins, Feuchtigkeit und Zugluft bewirken die Eisbildung. Großartige Eisgebilde, gut gesicherter Steig im Innern. Von der großen Eingangshalle führen Gänge und Treppen abwärts, märchenhaft die Fuggerhalle, Prunkstück der Mörkdom mit phantastischem Eisturm. Vor den

Höhlen herrliche Fernsicht. Warm anziehen! Von hier ausgezeichnet gesicherter und interessanter Felsenweg auf die Mittagsscharte. Weiterweg: rechts Salzburger Hochthron, 45 Min., links Berchtesgadener Hochthron, 2 Std.

Untersberg-Überquerung: Von der Bergstation der Untersbergseilbahn, die einige Meter unter dem Geiereck (1801 m) gelegen ist, führt in südwestlicher Richtung ein markierter Steig in rund 3 Std. zum Berchtesgadener Hochthron (1972 m). Der mühsame, für Bergkundige ungefährliche Weg erschließt dem Bergwanderer am besten das ganze Untersberg-Hochplateau. Vom Geiereck führt der Steig zunächst in 25 Minuten auf den Salzburger Hochthron (1835 m). Von hier geht es dann links den Kamm entlang zur Mittagsscharte. Hier zweigt nach links der Weg zur Schellenberger Eishöhle ab. Der Pfad steigt von der Mittagsscharte wieder an, führt an den Ochsenköpfen südöstlich vorbei und dann über das Rauheck und den Gamsalmkopf zum Berchtesgadener Hochthron (1972 m). Von hier in 10 Min. zum Stöhrhaus (1894 m) der Alpenvereinssektion Berchtesgaden. Empfehlenswerte Tagestour, jedoch nur bei gutem Wetter.

Rauhe Köpfe, 1604 m, 2 – 3 Stunden, gut markiert. Eine schöne Bergwanderung, nicht überlaufen. Beim Dietfeldkaser zum Maximilian-Reitweg (Weg 6), oder von Bischofswiesen ebenfalls auf dem Weg 6 bis zum Holzlagerplatz hinter dem Aschauerlehen. Den breiten Ziehweg steil hinauf, die erste Wegkreuzung links (rot markiert) über bewaldeten Hang zum Blaukastl (Quelle). Von dort rechts zum Wildzaun über freies Gelände. Ein Wandabbruch wird rechts umgangen. Wieder links im Wald steil empor, 10 Minuten den flachen Pfad entlang und dann im Wald, Markierung folgend, steil rechts zum Einschnitt zwischen kleinen und großen Rauhen Kopf. Auf dem Gratrücken entlang, folgend wenige, ungefährliche Kletterstellen auf den Rauhen Kopf. Empfehlenswert ist, den Anstieg auch als Rückweg zu nehmen, da eine Überquerung zum Untersberg über den Grat teils weglos und sehr mühsam ist.

Der Berchtesgadener Hochthron mit dem Stöhrhaus

Hoher Göll, 2522 m

Hohe Wandfluchten, die nicht nur gefährlich aussehen, charakterisieren den mächtigen Göllstock, dessen höchste Erhebung der Göll mit 2522 m ist. Der Grenzberg zwischen Bayern und Österreich ist auf der Berchtesgadener Seite am besten dem Wanderer erschlossen. Kühn und schwierig sind die Felswände der West-, Nord- und Ostseite. Der Kuchler Göll ist ebenfalls sehr schwierig. Die Kammüberschreitung zum Hohen Brett ist gut markiert und kaum gefährlich. Die Göllbesteigung kann nur geübten Bergsteigern empfohlen werden, die mit hochalpinen Verhältnissen vertraut sind.

Schutzhütten: Purtschellerhaus, 1692 m, auf dem Eckerfirst. Von Mitte Mai bis Oktober bewirtschaftet, Betten, Matratzen, Tel. 08652/2420. Steht zur Hälfte auf österreichischem Gebiet. 40 Min. vom Eckersattel, 3 Stunden von Berchtesgaden oder Kuchl.

Kehlsteinhaus, 1834 m, auf dem Kehlstein, Restauration ohne Übernachtung, Tel. 08652/2969. Wenn im Frühjahr die Straße von Schnee geräumt ist, von Obersalzberg zu Fuß 2½ Std., von Berchtesgaden eine Stunde mehr. – **Stahlhaus** und **Schneibsteinhaus** siehe Hagengebirge. – Weitere Häuser im Göllgebiet: **Ahornalm, Rossfeld-Skihütte,** ferner **Vorderbrand, Scharitzkehlalm** und **Alpeltalhütte.** Sämtliche mit Wirtschaftsbetrieb. Übernachtungsmöglichkeit nur in der Alpeltalhütte und Gasthaus Vorderbrand.

Purtschellerhaus – Hoher Göll, 2522 m, vom Eckersattel 3 – 3½ Std., gut markiert. In 40 Min. auf gutem Weg zum Purtschellerhaus. Den Steig auf dem Grat weiter zu den Felsen, 20 Meter hinauf, der Markierung nach links (besser) um einen Felsvorsprung und auf einem Grasband etwas abwärts. Jetzt schräg links aufwärts über Schroffen in 30 Minuten zu einem Gratabsatz (Kreuz). Auf der Südostseite wieder etwas absteigen und auf einem Grasband, später über Platten gute 150 Meter hinauf zu den Felsabstürzen. Unterhalb sind die jähen Wandfluchten des Wilden Freithof. Vorsichtig bleiben! Bei der Tafel links über eine schräge Felsplatte (Vorsicht) etwa 150 Meter zum sogenannten „Kamin" der in gut 20 Minuten zum Göllgrat führt. Der Kamin ist mit Drahtseilen und Eisen-

Die Nord-Ost-Abstürze des Hohen Gölls mit dem Purtschellerhaus

Hoher Göll
Eckerfirst
Purtschellerhaus

Platterhof
Nach Berchtesgaden
Mautstelle
Buchenhöhe
Lindeweg
Schwarzort
Untere-
-Ahc
Whs.
Sonneck
Schifferer-H.
Dalsen
Obere-
Kehlriedel
Ofneralm
1837
Hochfeld
Urschenloch
Ofner Kirche
Kehlstein-Hs.
Unterk.-Hs.
Kehlstein
Mannlköpfe
1457
Eckerfirst
1692
1734
Ligeret-A.
Scharitzkehl
Whs.
Wilder Fre
Rauchfang
2253
Scharitzkehl
Jugenddorf
Vorderbrand
Alpeltal-H.
Dürreckberg
Pflughörndl
1785
Alpelköpfe
2047
2522
HOHER GÖLL
1923
Alpeltalsteig
Umgäng
Brettriedel
Gr. Archenkopf
2391
Hohes Brett
2340
Krautkaser
Jägerkreuz
Gamskar
Dr. Hugo-Beck-Hs.
Hörnlbrett
Vogelhütten-A.
Vogelstein
Mitterkaser-A.
Whs.
Pfaffenkopf
1874
Carl v. Stahl-Hs.
1728
Ob.-Joch-A.
JENNER
Unterk.-Hs.
Fischbach
Jagdhtt.
Landkartentechnik

Stahlhaus (links) und Schneibsteinhaus (rechts)

tritten abgesichert und ungefähr 100 Meter hoch. Der Steig von der Tafel über die sogenannte „Schusterführe“ auf den Göllgrat (30 Min.) ist ausgesetzter und trotz der Drahtseilsicherungen schwieriger. Beim Ausstieg vom Kamin links über den Grat in 40 Minuten auf den Gipfel.

Kehlstein – Hoher Göll, 2522 m, 3 Std., gesichert und markiert, nur für erfahrene schwindelfreie Bergsteiger! Vom Kehlsteinhaus erst auf den Grat und dann mehrmals über Felswände, die mit Stahlseilen und Eisenstiften abgesichert sind. Im öfteren Auf und Ab jetzt über die Mannlköpfe zur Gölleiten. Diese hinauf, der Pfad vereinigt sich schließlich auf dem Göllgrat mit den Klettersteigen der „Schusterführe“ und des „Kamin“. Empfehlenswert ist der Abstieg zum Purtschellerhaus, da dieser nicht so ermüdet.

Überschreitung Hoher Göll – Hohes Brett (Purtschellerhaus –

Stahlhaus ca. 6 Std.), markiert, körperliche Ausdauer erforderlich und sicheres Wetter. Entweder vom Purtschellerhaus oder vom Kehlsteinhaus (siehe die vorhergehenden Abschnitte) auf den Hohen Göll. Vom Gipfelkreuz etwa 30 Min. über den „Heiteren Lueg“ absteigen und an den Archenköpfen (Schneefeld) vorbei auf das Brettriedl. Dort über einige ausgesetzte Stellen, die aber gesichert sind, auf dem Grat zum Hohen Brett (2340 m). Den steilen Rasenhang hinab zum Jägerkreuz, links durch Felsgeschröffe ermüdend steil zum Stahlhaus hinunter. Auf dem Grat vor dem Stahlhaus auch ein Steig rechts ab zur Mitterkaseralm (bewirtschaftet) und hinunter nach Vorderbrand. Oder vom Stahlhaus zur Jennerbahn Bergstation (30 Min.).

Hagengebirge, 2350 m

Die Hochfläche des Hagengebirges ist eine gewaltige, einsame Gebirgslandschaft zwischen Königssee, Göllstock und Steinernem Meer. Gute Wildbestände, besonders Gemsen, in der Röth Steinbockkolonie. Die südwestlichen Randpfeiler der Teufelshörner sind neben dem Kahlersberg und Schneibstein die bedeutendsten Erhebungen. Große Teile d. Hochlandschaft sind mit Legföhren (Latschen) bedeckt und unwegsam.

Schutzhütten: Carl von Stahl-Haus, 1726 m, am Torrenerjoch (Sattel zwischen Brett und Schneibstein). Ganzjährig voll bewirtschaftet, Betten und Matratzen. 40 Min. von der Bergstation Jennerbahn, 3 Std. von Königssee, 4 Stunden von Berchtesgaden und 5 Stunden von Golling. Tel. 08652/2752. **Schneibsteinhaus,** 1700 m, in der Mulde unterhalb des Torrenerjochs. Anfang Mai bis Ende Oktober bewirtschaftet, Betten, Matratzen. Tel. 08652/2596 oder 63715. (Entfernungen wie bei Stahlhaus). **Berggaststätte Jennerbahn,** 1796 m (Bergstation der Jennerbahn). Marktrestaurant. Telefon 08652/95830. **Dr. Hugo-Beck-Haus,** 1260 m, 8 Min. von der Jennerbahn-Mittelstation entfernt. Ganzjährig voll bewirtschaftet, Nächtigung auf Anfrage, Telefon 08652/2727, 2 Std. v. Königssee, 2½ Std. v. Berchtesgaden.

Gotzenalm, 1685 m, auf der Gotzenalm. Von Pfingsten bis Oktober bewirtschaftet, 15 Betten, 65 Matratzen. 3 Std. von der Jennerbahn-Mittelstation. Im Osten und Südosten gibt es einige unbewirtschaftete Almen für Notunterkünfte.

Schneibsteinhaus, im Hintergrund Stahlhaus und Hohes Brett

Schneibstein – Priesbergalm, 2275m, markiert. Von Berchtesgaden oder von Königssee in 3½ Std., von der Jennerbahn-Bergstation in 40 Min. auf das Torrenerjoch, von hier in 1½ – 2 Std. über den breiten Rücken des Schneibsteins zum Gipfel. Nun in südwestlicher Richtung (nur bei gutem Wetter!) am Windschartenkopf vorbei zum Seeleinsee, einem herrlich gelegenen Bergsee, der tiefdunkel in einem grauen Felskessel liegt. Der Markierung folgend in den Hachelgraben und zur Priesbergalm hinunter. Auf gutem Weg nach Königsbach und über die Hochbahn nach Königssee. Vom Schneibstein etwa 4 Std. Abstieg. Sehr schöne Gebirgswanderung, vielfältige Flora, häufig Murmeltiere. Vorsicht bei Nebel!

Kahlersberg, 2350 m, 5 – 6 Std., markiert (Steindauben). Von Königssee über Hochbahn nach Königsbach, Priesberg, durch den

Seeleinsee, rechts der Übergang ist der Paß Hochgschirr

Stiergraben. Nicht bis zum Seeleinsee, sondern vorher bei der Wegtafel rechts ab zum Paß Hochgschirr, Markierung über das Mausloch – steil, nur für Schwindelfreie! – auf den Gipfelrücken und ohne Weg hinauf. Der Kahlersberg ist der höchste Gipfel des Hagengebirges, ein aussichtsreicher Berg, der von Bergsteigern gern besucht wird. Nur für ausdauernde Bergsteiger. Vom Hochgschirr eventuell Abstieg über das Landtal zum Obersee. (Nicht näher! Schifffahrtszeiten beachten. Nicht bei ungünstigem Wetter absteigen, steil und ermüdend.)

Fagstein, 2164 m, 4 – 5 Std. Von Königssee über Hochbahn nach Königsbach, über das Almfeld auf den Karrenweg, bei Wegteilung rechts nach Priesberg. Der roten Markierung folgend in den Stiergraben zum Seeleinsee, ein Stück weiter und dann über den großen Gipfelhang ansteigend zum höchsten Punkt. Eine lohnende Tour mit herrlichen Landschaftsbildern.

Hochgschirr, 1951 m, 4 Std. Ein Übergang von Königssee zum Obersee. – Alpine Wanderung, nur für gute Geher, da der Abstieg zum Obersee schlecht und mühsam ist. Abstieg bis Sallet 4 Std.

Berchtesgaden im Winter

Der Berchtesgadener Winter gehört allein nicht nur den Wintersportlern. Wer Erholung, Entspannung, Bewegung, Ausweiche vor naßkalten Winden und Nebel, Lebensmut und Lebensfreude sucht – für den ist der Bergwinter gerade recht. Er bietet soviel Abwechslung, soviel gesunde Frische, er ist in seiner Aktivität und Regeneration so umfassend, dass er den Sommer, insbesondere was die gesundheitsfördernde Wirkung betrifft, übertrumpft. Sämtliche Straßen sind geräumt, ebenso die Spazierwege im Bereich des Siedlungsgebietes, das sich hier bis auf 1200 Meter Höhe erstreckt. Man fährt mit dem Wagen oder Bus auf das Rossfeld, mitten hinein in eine großartige Bergwelt, man schwebt mit der Jennerbahn in eine Verzauberung von Schnee und Sonne, man erreicht mit der Obersalzbergbahn die herrliche Höhenpromenade. Winterwege durch die Ramsau und zum Hintersee, zur Hirschfütterung, zum Königssee, in allen Gemeinden, auf allen Höhen.

Neben den Skigebieten Jenner (Königssee) mit neu installierter Beschneiungsanlage, Rossfeld-Oberau, und Hochschwarzeck (Ramsau) entstand 1999 das Bundesleistungszentrum für Alpin- und Snowboard am Götschen. Trainingsgebiet und Austragungsort von Snowboard-Weltmeisterschaften und Damen-Weltcuprennen (Kunstschneeanlage). Das preiswerte Skigebiet Obersalzberg/Gutshof ist besonders für Familien geeignet. Hier findet man neben flachen auch anspruchsvolle Pisten. Außer der Jennerbahn bieten alle Skigebiete an manchen Tagen Flutlichtfahren an. Aus der Kunsteisrodelbahn in Königssee wurde auch eine Bobbahn mit allen notwendigen Einrichtungen, die wiederkehrender Austragungsort der Weltmeisterschaften im Rennrodeln, Zweier- und Viererbob ist. Es besteht die Möglichkeit, mit einem Gästebob die Bahn zu befahren.

Wanderungen

Empfehlenswert in jedem Falle warme Kleidung (Anorak, Skihose und Stiefel oder Outdoorkleidung). Die nachfolgenden Wege sind zwar durchwegs geräumt, es kann aber vorkommen, daß irgendwo ein Stück im tieferen Schnee gegangen werden muß, oder vielleicht weicher Schnee oder ein eisiges Wegstück vorkommt.

Berchtesgaden – Königssee. Vom Hauptbahnhof den Königsseer Fußweg nach Unterstein zum Königssee, etwa 5 km. Rückweg über die Schönau oder mit dem Bus.

Königssee – St. Bartholomä. Wenn der Königssee zufriert, ist eine Wanderung auf dem Eis auf der gekennzeichneten und geräumten Bahn bis St. Bartholomä, ca. 1½ Std., ein herrliches Vergnügen.

Jennergipfel-Mittelstation-Obersalzberg (Halbtagstour). Von Königssee mit der Jennerbahn bis zur Bergstation (15 Min. zum Gipfel, unbedingt hochwandern!) Bei der Talfahrt an der Mittelstation aussteigen, dann auf bezeichnetem Weg nach Vorderbrand, auf der Dürreckstraße, Scharitzkehl, Obersalzberg (Prof.-Linde-Weg). An der Rodelbahn entlang zu Fuß oder mit dem Bus ins Tal. Im Uhrzeigersinn: Mit der Obersalzbergbahn zur Bergstation, dann rechts die Tour in umgekehrter Reihenfolge und mit dem Bus nach Berchtesgaden zur Schießstättbrücke zurück (an der Talstation Parkplatz).

Bei der Obersalzbergbahn, Tel. 08652/2561, sind die Fahrscheine für die Jennerbahn erhältlich, Tel. 08652/9581-0).

Oberau – Dürrnberg. 2 – 3 Std. Mit dem Rossfeld-Bus bis Haltestelle Neuhäusl, zu Fuß weiter etwa ½ Std. nach Dürrnberg, dort lustiger Wintersportbetrieb (3 Skilifte), 20 Minuten nach Gmerk, ca. 150 m auf der Rossfeldstaße aufwärts und rechts abbiegen auf der Weißensteinerstraße abwärts nach Oberau. Bei sonnigem Wetter eine zünftige Halbtagswanderung in gesunder Luft.

Ramsau-Hintersee (Wildfütterung). Mit Bus bis Ramsau (Haltestelle Marxenbrücke), auf bezeichnetem Weg durch den Zauberwald, nach Hintersee, Gasthaus Auzinger, durch den Wildzaun in etwa 30 Minuten zur Futterstelle des Forstamtes. Das Wild kommt erst am Spätnachmittag in größerer Zahl (bis zu 100 Stück) zur Futterstelle, wo es von Jägern und Forstleuten versorgt wird. Rückfahrmöglichkeit ab Hintersee; tägl. Kutschenfahrten.

Ahornkaser - Rossfeld. Mit dem Linienbus oder PKW zum Rossfeld. Zu Fuß eine Höhenwanderung bis zum Ahornkaser, etwa ½ Std., ganz eben, und wieder zurück. Eine der eindrucksvollsten Höhenwanderungen, für Alt und Jung, herrliche Aussicht auf das Salzachtal.

Der zugefrorene Hintersee vor dem Hochkaltermassiv

Berchtesgaden – Rostwald – Stanggaß. Eine etwa zweistündige gemütliche Wanderung ohne größere Steigung. Vom Marktplatz Berchtesgaden, den Doktorberg hinauf, bei der Kapelle am Oberweinfeld den Fußweg am Klosterbach entlang zur Rostalm, durch den Rostwald zum Aschauer Weiher, ein kurzes Stück links die Straße entlang. Bei der Straßengabelung geradeaus (südlich) weiter zum Hochgart-Dörfl, dann etwas abwärts zur Stanggaß. Auf der Straße links weiter in Richtung Kurklinik Stanggaß zum ehemaligen Hotel Geiger und zum Forstamt. Von dort entweder rechts die Kälbersteinstraße hinab zur Maximilianstraße oder vom Hotel Kronprinz über den Kalvarienberg und Reichenbachsteg zum Doktorberg und weiter zum Marktplatz.

Skigebiete

Königssee: Jennerbahn (Gondelumlaufbahn, Talstation 630 m, Mittelstation 1200 m, Bergstation 1800 m). Doppelsessellift-Mitterkaserbahn, Doppelsessellift Jennerwiesenbahn, Schlepplift-Mitterkaser, Schlepplift-Krautkaser, Kleinschlepplift-Talstation (Übungslift) und Förderband an der Mittelstation. Ausgezeichnetes, schneesicheres Skigebiet (Beschneiungsanlage) mit anspruchsvollen Abfahrten für Skifahrer und Snowboarder in Höhenlagen von 600 – 1800 m. Auskunft 08652/95810, Jennerbahn. Skipaß an der Talstation.

Oberau – Rossfeld: 3 Schlepplifte am Gipfel. Halfpipe für Snowboarder, Spaßpark für Snowboarder und Skifahrer (Anfänger) auf separater Piste, Familienskigebiet in schneesicherer Höhenlage 750 – 1600 m, leichte Abfahrten, seit 2005 homologierte Fissstrecke. Auskunft 08652/4575 (Roßfeldlifte) oder 3538. Preisgünstige Familienkarten. Pendelbusse der RVO von Oberau zum Rossfeld. Leichte Abfahrt bis Oberau. Auskunft Tel. 08652/9448-0, RVO. Verbundkarte für RVO-Busse und Skilifte an der Abfahrtsstelle Oberau und an den Liften am Rossfeld.

Ramsau: Hochschwarzeck-Sessellift (08657/368) zum Hirschkaser, Höhenlage 1000 – 1400 m. Weiters: Schmuckenlift, Fronwiesenlift, Sonnleitenlift, Datzmannlifte, Stöckellift. Familienskigebiet, für Anfänger und Fortgeschrittene geeignet. Auskunft 08657/9889-20, Kurverwaltung. Karten an den Liften, kein Gesamtskipaß.

Bischofswiesen: Götschen (Bundesleistungszentrum Alpin- und Snowboard), 1 Sessellift, 2 Schlepplifte, Beschneiung, Flutlicht. Auskunft 08652/7656 oder 897164. Loipl, Kollerlift (Anfängerlift), Auskunft 08652/7693.

Obersalzberg Gutshof (4 Lifte, Kunstschneeanlage) mit Möglichkeiten für Anfänger bis zur homologierten FIS-Strecke. 1995/96 wurde das Gebiet von den Amerikanern dem Freistaat Bayern zurückgegeben und wird seitdem als Skiarena

und im Sommer als 9-Loch-Golfplatz genutzt.

Einzelne Lifte: Buchenhöhe, Obersalzberg; Schönau, Grünsteinlift; Kohlhiasl.

Ein 5-Tages Gesamtskipass für fast alle Lifte im Berchtesgadener Land ist in Verbindung mit der Kurkarte erhältlich. Auskunft darüber gibt die Kurdirektion Berchtesgaden, Tel. 08652/967-150.

Ski- und Langlaufschulen bieten alle Gemeinden. Aktuelle Möglichkeiten bitte den Informationsblättern (Kurdirektion) entnehmen oder an den Liftanlagen nachfragen. Langlauf-Zentrum Aschauer Weiher, Tel. 08652/3366.

Die Berchtesgadener Alpen bieten anspruchsvolle Skitouren. Literatur: **Skitouren in den Berchtesgader Alpen**, Anton Plenk Verlag, Pf. 2147, 83462 Berchtesgaden.

Rodelbahnen

Kunsteisrodelbahn Königssee: 1100 m Länge, 10% Gefälle, konzipiert für Rennrodel, Zweier- und Viererbob. Austragungsort von Weltmeisterschaften für Rennrodel und Bob. Kurgästerodeln im Eiskanal, Wettbewerbe, Rennbobtaxi. Auskunft Kurdirektion Berchtesgaden.

Naturrodelbahnen: Obersalzberg – Berchtesgaden. Obersalzbergseilbahn Bergstation bis zum Eisstadion an der Schießstättbrücke. **Gmerk** (Rossfeldstraße) bis Oberau ca. 1,5km. **Bischofswiesen** vom Antoniberg bis Egglerplatz, ca. 1,5km. **Ramsau** vom Hirscheckkopf, Bergstation Hirscheck-Sessellift, zum Parkplatz Schwarzeck. **Schellenberg** Rodelbahn vom Rossboden, Ettenberg, ins Tal.

Eislauf- und Eisbahnen

Kunsteisstadion in Berchtesgaden, Schießstätte. Eislaufmöglichkeit auf dem Hintersee je nach Witterung.

Eisstockbahnen:

In Berchtesgaden, Schießstätte; Königssee Nähe Grafenlehen; Hintersee; Ramsau; Schellenberg; Bischofswiesen; Schönau am Königssee.

Radtouren

Durch Lage und die alpine Szenerie bilden die Berchtesgadener Alpen ein wunderschönes Gebiet das Touren aller Schwierigkeitsstufen beinhaltet. Eher einfache Radtouren führen an landschaftlichen und kulturellen Höhepunkten vorbei, extremere hoch hinauf in die Berge. Durch die teilweise großen Höhenunterschiede und die Gefährlichkeit der Abfahrten (etwa das Bremsen auf Sandstraßen) ist von Touren mit Kindern abzuraten. Empfehlenswert ist ein Radführer mit Skizzen oder einer Landkarte. Die Sportgeschäfte helfen bei Problemen am Rad und bieten hervorragenden Service rund ums Rad. Auch geführte Touren werden angeboten.

Rund um den Untersberg

Länge: ca 50 km, größtenteils auf Bundes- u. Landstraßen, nicht nur für Mountainbiker.

Von Berchtesgaden auf der B 20 nach Bischofswiesen und weiter zum Hallthurm. Ab dem Bahnübergang entweder auf der Straße oder

Marktschellenberg mit Untersberg

auf dem Radweg rechts neben der Bundesstraße (teilweise Sandweg) hinab nach Bayerisch Gmain. Beim Gasthaus Dreisessel rechts abbiegen und hinunter bis zum Kreisverkehr und hier wieder rechts weiter nach Großgmain. Auf der Staatsstraße jetzt bis zur Abzweigung Latschenwirt - Naturpark Untersberg (steil). Beim Latschenwirt ist ein Kinderspielplatz und der Eingang zum Naturpark mit sehenswerten Lehrpfaden. Nach dem Latschenwirt beginnt nach einer kurzen Steigung die Abfahrt nach Fürstenbrunn. Von hier geht es auf dem Radweg weiter nach Grödig und St. Leonhardt. An der Kreuzung rechts abbiegen und über den ehemaligen Grenzübergang Hangendenstein nach Marktschellenberg. In der Ortschaft, nach der Kirche, rechts über die Brücke und auf der Landstraße bis zur Almbachklamm und weiter auf dem Radweg (Sand) bis Unterau. Von hier aus unter der Brücke durch bis zur Gollenbachbrücke und weiter nach Berchtesgaden. Die Rundfahrt ist eine abwechslungsreiche Tour, Abstecher nach Salzburg sind möglich, ebenso zum Tierpark und Schloss Hellbrunn. Beste Tageszeit für die Tour ist morgens oder nachmittags, da das Verkehrsaufkommen geringer ist.

Rossfeld-Rundfahrt

Länge: ca 30 km, ca. 1000 m Höhenunterschied, schwer, aber landschaftlich einmalig.

Von Berchtesgaden nach Unterau und auf der Straße bis Oberau. An der Kreuzung rechts zum Obersalzberg (mäßig steil) und weiter zum Hintereck und dem Beginn der Rossfeldstraße. Auf dieser jetzt zuerst mäßig steigend zum Ofnerboden. Am Beginn der Serpentinen werden dann Ausdauer und „Waldlschmalz" auf die Probe gestellt. Hier ist auf einer Länge von ca. 500 m das steilste Stück der Auffahrt. Unter dem Ahornkaser geht es dann hinauf bis zur Scheitelstrecke. Eindrucksvoll präsentieren sich die Osthänge des Hohen Göll, der Berchtesgadener Talkessel liegt zu Füßen und der Blick geht weit ins Alpenvorland und Salzburger Land hinaus. Von der Scheitelstrecke geht es dann nur noch bergab bis Oberau und hier wieder über Unterau nach Berchtesgaden. Bei schönem Wetter, am späten Nachmittag od. frühmorgens, gibt es kaum eine Radtour, die vergleichbare Eindrücke bietet.

Ein Variante wäre auch, mit dem Pkw gleich bis Oberau zu fahren und von hier aus die Rundfahrt zu beginnen.

Die Ostabstürze des Hohen Göll in der Morgensonne. Das Straßenstück ist die Scheitelstrecke der Rossfeldstraße.
Die Gotzenalm, im Hintergrund die Watzmann-Ostwand (unten).

Berchtesgaden - Gotzenalm

Länge: ca. 50 km, reine Mountainbike-Tour oberhalb des Königssees, teilweise sehr steil.

Mit dem Pkw von Berchtesgaden zum Obersalzberg, bis zum Parkplatz Hinterbrand. Anfahrt mit dem Rad über die Vorderbrandstraße. Ab Hintereck auf der Forststraße zur Jennerbahn-Mittelstation. Unterhalb dieser zunächst abwärts und dann wieder kurz ansteigend zu den Königsbachalmen. Weiter auf der Sandstraße zur Gotzental-Alm. Hier beginnt die größte Steigung und über enge Serpentinen geht es über die verfallene Seeau-Alm zur Gotzenalm (1685 m).

Die Gotzenalm liegt auf einem Hochplateau oberhalb des Königssees. Unbedingt zu empfehlen ist der Aufstieg zum Feuerpalfen (ca. 15 Min.), von dem sich ein großartiger Tiefblick zum Königssee und St. Bartholomä bietet. Beherrscht wird der Blick jedoch von der mächtigen Watzmann-Ostwand, die direkt gegenüber liegt.

Ins Tal zurück geht es auf dem gleichen Weg.

Der Name Gotzenalm geht auf den romanischen Personennamen „Gauzo“ zurück und wurde hier bereits 788 erwähnt.

Hirschbichl - Litzlalm

Länge: ca. 20 km, landschaftlich eindrucksvoll auf asphaltierten Straßen.

Vom Parkplatz Hintersee auf der für den Kfz-Verkehr gesperrten Straße (Busverkehr) zunächst mäßig ansteigend durch das Klausbachtal bis zur Wildbachfurt unter den Mühlsturzhörnern. Weiter auf der Straße bis zur Engert-Holzstube. Ab hier nun sehr steil über Serpentinen zu den Bindalmen und weiter, nochmals steil, zum Hirschbichl. Hier befindet sich das Gasthaus Mooswacht. Der Paßübergang Hirschbichl war der älteste Grenzübergang vom Berchtesgadener Land ins Österreichische und spielte eine große Rolle im Salzhandel. Nach dem Gasthaus zweigt rechts die Straße zur Litzlalm ab, die in ca. 20 Minuten erreicht wird. Von der Litzlalm bietet sich ein großartiger Ausblick auf die Hocheisgruppe. Wem die Auffahrt von der Engert-Holzstube zu schwer ist, kann auch den Fußweg benutzen, der links abzweigt, aber hier unbedingt das Rad schieben.

Am Beginn der Hirschbichlstraße befindet sich in einem restaurierten Bauernhaus die Nationalpark-Informationsstelle.

Auf den Litzlalmen, im Hintergrund die Reiteralpe.
Die Nationalpark-Informationsstelle beim Tor zum Hirschbichl.

Wandern rund um
die Obersalzbergbahn
in 1000 m Seehöhe.
Ein lohnendes
Ausflugsziel für die
ganze Familie.
OBERSALZBERGBAHN
OBERSALZBERGBAHN
BERCHTESGADEN

Rund um die Reiteralm

Länge: ca. 70 km. Eine der schönsten Radtouren in den Berchtesgadener Alpen. Wenn Sie nicht nur Kilometer abspulen, sondern sich Zeit lassen und die Landschaft in Augenschein nehmen, werden Sie viele interessante Ein- u. Ausblicke erleben.

Mit dem Pkw zum Parkplatz Hintersee. Ab hier mit dem Rad ein kurzes Stück zurück und am linken Seeufer entlang auf einer mäßig steilen Straße zum Taubensee und weiter zum Wachterl. Auf der Alpenstraße geht es nun bergab bis zur Abzweigung Oberjettenberg (links). Hier geht es an der Bundeswehranlage vorbei links hinauf zur Talstation der Bundeswehrseilbahn. Vor dem Tor zweigt die Forststraße rechts ab und es geht mit mäßiger Steigung hinauf bis zur Rastnock-Diensthütte. Ab hier geht es leicht bergab, durch verschiedene Tunnels, bis zur Aschauer-Klause. Ab hier ein kurzes Stück zunächst auf einem Fußweg und dann auf einer Straße hinunter nach Reit an der Loferer Bundesstraße. Entlang der Straße, teilweise auf einem Radweg zunächst nach Lofer und weiter nach St. Martin. Bei Oberdorf geht es dann links über die Saalach und man erreicht die Abzweigung nach Wildenthal und zum Hirschbichl. Bis hierher kann man die Tour als angenehm bezeichnen. Der Anstieg zum Hirschbichl (1148 m) erfordert nochmal alles, besonders wenn die Nachmittagssonne voll vom Himmel brennt. Die Straße ist zwar asphaltiert, aber teilweise sehr steil. Der Lichtblick ist der Paßübergang Hirschbichl; ab hier geht es bis zum Hintersee nur noch bergab.

Kühroint (1409 m)

Länge: ca. 26 km, mäßig bis sehr steil.

Die Kühroint-Alm liegt am Fuße des Watzmanns, direkt unter dem Mooslahner. Auf Kühroint befindet sich neben der Wirtschaft und der eigentlichen Alm noch ein Berghaus des Bundesgrenzschutzes (nicht öffentlich). Der am meisten besuchte Platz ist sicherlich die Archenkanzel; von hier hat man einen atemberaubenden Tiefblick auf den Königssee.

Entweder von der Wimbachbrücke oder von der Hinterschönau über Hammerstiel, auf einer gut ausgebauten Forststraße zur Schappach-Holzstube. Von hier aus zunächst eben weiter und dann mäßig ansteigend zur sog. „Benzinkurve“. Hier zweigt der Weg ins Watzmannkar und zum Watzmannhaus über den Falzsteig ab. Weiter geht es nun steil auf der Forststraße nach Kühroint. Die Archenkanzel erreicht man in südlicher Richtung, zunächst noch mit dem Rad, die letzten Meter dann zu Fuß. Die gesamte Tour liegt im Nationalpark Berchtesgaden. Bitte verhalten Sie sich entsprechend, zumal Übertretungen mit erheblichen Bußgeldern belegt sind.

Rechtes Bild: Die „Ramsauer Dolomiten"; unten die Reiteralm von Süden gesehen.

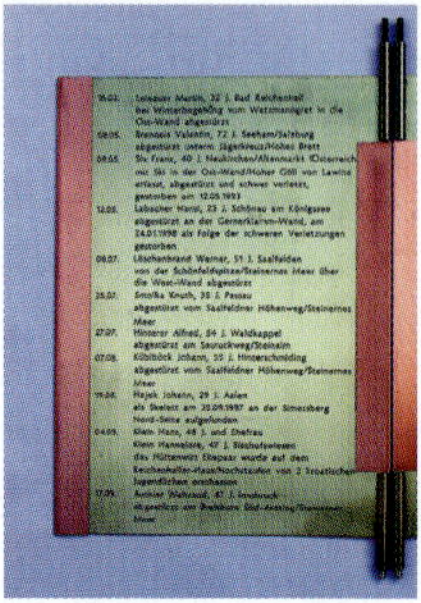

Die 1999 eingeweihte Bergopfer-Gedenkkapelle St. Bernhard auf Kühroint.

Alle Namen der Bergopfer, die in den Berchtesgadener Bergen verunglückten und alle Landkreisbewohner, die außerhalb unserer Berge den Tod fanden, sind in Messingtafeln graviert.

Zum Genießen:

Schönauer Runde

Länge: ca. 15 km, keine nennenswerten Steigungen.

Vom Bahnhof Berchtesgaden auf dem kombinierten Fuß- u. Radweg ohne nennenswerte Steigung an der Königsseer-Ache entlang, durch schattige Wälder zum Königssee. Auch wenn am See geschäftiges Treiben herrscht, sollte man es nicht versäumen, einen Abstecher zum Malerwinkel zu machen. Dazu müssen Sie links am See, hinter den Bootshütten vorbei, auf dcm Fußweg, das Rad ca. 10 Minuten schieben. Vom Malerwinkel aus haben Sie einen wunderbaren Blick über den Königssee bis nach St. Bartholomä. Zurück geht es über die Seeklause zur Schornstraße und auf dieser bis zum Schornbad. Hier links abbiegen und durch die Oberschönau, am Friedhof vorbei wieder zum Bahnhof Berchtesgaden.

Berchtesgaden - Hallein - Bad Dürrnberg - Berchtesgaden

Länge: ca. 40 km.

Von Berchtesgaden auf dem Achenweg bis Unterau. Gegenüber der Abzweigung nach Oberau wird auf einem Steg die Ache überquert und auf dem Radweg geht es durch die Gartenau und auf der alten Berchtesgadener Straße nach Marktschellenberg. Auf der B 305 zur Grenze und weiter bis nach St. Leonhard. An der Kreuzung nach rechts in Richtung Hallein abbiegen und nach der Kirche wieder rechts auf einen Radweg. Nachdem die Salzburger Bundesstraße überquert ist, geht es hinunter zur Salzach. Am linken Stromufer nun entlang des Flusses nach Kaltenhausen. Hier beginnt nun der anstrengendste Teil der Tour. Über die Dürrnbergstraße geht es ca. 6 km bergauf zum ehemaligen Grenzübergang Neuhäusl. Etwa 300 m nach dem Gasthaus Neuhäusl wird die Rossfeldstraße erreicht; auf dieser hinab nach Ober- und Unterau weiter nach Berchtesgaden.

Die Länge der gesamten Tour beträgt ca. 40 km und verläuft bis auf den Anstieg zum Dürrnberg auf ebenen Gelände.

Reizvoll an der Tour sind die vielen Sehenswürdigkeiten; der alte Grenzturm in Marktschellenberg, die Brauerei in Kaltenhausen, die Halleiner Altstadt, das Keltenmuseum und das Keltendorf auf dem

Dürrnberg. Es gibt auch genügend Gasthäuser an der Strecke die zu einer erholsamen Pause einladen.

Marktschellenberg - Ettenberg

Länge: ca. 14 km, steil.

Von Marktschellenberg zunächst in Richtung Salzburg zum Ortsende. Hier dann links von der Bundesstraße in spitzem Winkel abbiegen und über den Gastagweg bis zum letzten Haus hinauf (Holzschnitzerei). An diesem vorbei und auf der Rodelbahn, vorbei an der Rothmannmühle, zum Rossboden. Auf der asphaltierten Straße nun leicht ansteigend bis zur Wallfahrtskirche Ettenberg, ein sehenswertes Kleinod.

Nach der Kirche wieder bergauf, an der Wegkreuzung rechts (Beschilderung) und auf einer gesandeten Fahrstraße teilweise steil bergab, bis diese in die Ettenberger Straße einmündet. Auf dieser rechts hinab bis Marktschellenberg. Sollten sie die Rundfahrt in Berchtesgaden beginnen, dann von der Gol-

Das Hochplateau von Ettenberg, in der Bildmitte die Kirche.

lenbachbrücke auf dem Achenweg bis zur Unterau und weiter auf dem Radweg über die Gartenau zur Almbachklamm. Auf der alten Berchtesgadener Straße nach Marktschellenberg. Die Tour verlängert sich dadurch um ca. 34 km.

Berchtesgaden - Kehlsteinhaus

Länge: 21,7 km, sehr steil und anstrengend.

Sehr schwere Tour zum hoch über Berchtesgaden thronenden Kehlsteinhaus. Man sollte sich für diese ca. 2 Std. dauernde, von Beginn an steile Auffahrt unbedingt „warm" fahren, muss man doch auf einer Strecke von 11 km 1200 Höhenmeter bewältigen. Es geht beim Eisstadion auf der Berchtesgadener Rodelbahn sofort extrem steil bergauf. Im mittleren Teil, am Obersalzberg läßt die Steigung etwas nach, bevor die letzten 3 km zum Kehlstein-

Frühling auf der Mordau.
Im Hintergrund der Hochkalter mit dem Blaueis-Gletscher.

haus mit permanent 12-18% Steigung (Asphaltstraße) noch alles abverlangt.

In Berchtesgaden zur Watzmanntherme, vorbei am Parkplatz der Therme in den Kranzbichlweg und weiter zum Eisstadion bzw. zum Gasthaus Schiessstätte. Die Tour beginnt zwischen Eisstadion und dem Gasthaus bei der Wegweisertafel am Beginn der Rodelbahn. **Allerdings nur möglich, wenn kein Busverkehr ist!**

Literatur: „Radwandern- und Mountainbiken“, 60 Touren im Salzburger Land, Berchtesgaden und dem Chiemgau mit Rupertiwinkel.

Seit 2005 neu ist eine Beschilderung in Zusammenarbeit mit den verschiedenen Verkehrsämtern. Diese sind im Radatlas „Berchtesgadener Land“ erklärt (beide: Plenk-Verlag, Berchtesgaden).

Traumpanorama von der Kneifelspitze: Von links der Funtenseetauern, daneben die Schönfeldspitze und der Watzmannstock. Im Tal Berchtesgaden.

Berchtesgadens Nachbarschaft

Die Umgebung des Berchtesgadener Landes ist ebenso reizvoll wie interessant. Gut 21 Kilometer sind es bis zur Kurstadt Bad Reichenhall, in etwa gleicher Entfernung die österreichische Landeshauptstadt Salzburg. Und auch gleich »um die Ecke« die alte Salinenstadt Hallein, sowie (über Oberau erreichbar) das aufstrebende Bad Dürrnberg. Im bayerischen Raum schließlich noch die bekannten Luftkurorte Ruhpolding und Reit im Winkl sowie der Chiemsee mit dem bekannten Schloss auf der Insel Herrenchiemsee.

Bad Reichenhall

Die schöne Kurstadt an der Saalach hat eine interessante Entwicklung genommen. Die Ränder des Talbeckens wurden schon zur jüngeren Steinzeit besiedelt und man vermutet, daß die Salzgewinnung seit der La-Téne-Zeit betrieben wurde. Unter römischer Herrschaft kam der Salzabbau zu großer Bedeutung. Nach der bayerischen Landnahme gewannen zunächst die Salzburger Erzbischöfe großen Einfluß, doch die Reichenhaller Bürger verstanden es, sich in den Besitz der Quellen und Sudhäuser zu bringen. Reichenhall wird bereits 1158 als bayerische Stadt genannt. Später übten die bayerischen Herzöge starken Einfluß auf die Salzlagerung aus, bis diese zum herzoglichen Monopol wurde und dann in die Hände des bayerischen Staates überging. Trotz dieser Vergangenheit macht Bad Reichenhall den Eindruck einer jungen Stadt: verheerende Brände, begünstigt durch das nie verlöschende Feuer in den Salinen (Sudpfannen), haben das alte Gesicht der Stadt vernichtet. Was noch an frühere Zeiten gemahnt, ist das alte Münster St. Zeno (der Sage nach von Karl dem Großen gegründet) mit seinem Kreuzgang, der Florianiplatz und die Poststraße. Heute prägen das Stadtbild über 60 Brunnen und der wieder freigelegte Stadtbach.

Die Solequellen, die einen Sättigungsgrad von 24% erreichen, sprudeln in der Nähe von der Burg Gruttenstein, die sich über dem alten Stadtteil von Bad Reichenhall erhebt, aus der Erde. Sie werden vom Brunnhaus aus, je nach Qualität, dem Gradierwerk im Kurgarten, den Trinkbrunnen im Kur-

Die Wandelhalle vom Sole-Gradierwerk in Bad Reichenhall mit dem schönen Brunner der früher den heute abgerissenen Platterhof am Obersalzberg zierte.

Unten der Kurpark mit seinem jahreszeitlichen Blumenschmuck.

park und Kurmittelhaus, den Solebädern, Inhalationsräumen, hauptsächlich aber der Salzgewinnung in der neuen Saline zugeleitet. Bad Reichenhall ist Bayerisches Staatsbad. Bei Bronchitis, Asthma, Emphysem, Herzleiden, Katarrhen der Luftwege, Frauenleiden und Kinderkrankheiten kann dort Linderung gefunden werden. Neu: Rupertus Therme Spa&Fitness Resort mit Saunalandschaft und Fitness Center.

Sehenswert: Münster und Kreuzgang von St. Zeno, St. Aegidienkirche, St. Nikolaus, Florianiplatz, Brunnhaus mit Quellfassungen und Brunnenkapelle, Kurpark, Museum. Sehr schön ist, gutes Wetter vorausgesetzt, eine Fahrt mit der Seilbahn auf den Predigtstuhl, 1614 m. Großartiges Panorama.

Umgebung von Bad Reichenhall: Nonn, Stadtblick, Kirche mit Feldkanzel und Flügelaltar. Karlstein (eigenes Kurmittelhaus) mit Burgruine und Pankrazkirche, – Thumsee. Piding mit interessanter Kirche im Ortsteil Mauthausen und Schloss Staufeneck. – Marzoll mit Schloss.

Grenzort Großgmain (Österreich), mit Ruine Plainburg, Pfarrkirche mit interessanten Gemälden, Mariensäule.

Anger/Höglwörther See

Der bayerische König Ludwig I. hat Anger das schönste Dorf seines Königreiches genannt. Es ist auf einem breiten Höhenrücken errichtet, die Häuser und die barocke Kirche mit Friedhof umrahmen den Dorfanger. Der Ort, 562 m, breitet sich zwischen der Autobahn und der Straße nach Teisendorf, über die Anger auch bequem zu erreichen ist, aus. Sehenswert: Blick vom Friedhof, Dorfplatz. Eine Viertelstunde von Anger entfernt liegt der Höglwörther See mit ehemaligem Augustiner Chorherrenstift (jetzt Privatbesitz). Barockkirche, Seegasthaus, reizender Weg um den See, Seebad. Höglwörth gehörte früher zu den fünf bayerischen „Inselklöstern".

Anger wie Höglwörth sind Ausgangspunkte für den Högl, einem Höhenzug mit herrlichen Aussichtspunkten und schönen Kirchen.

Inzell

Die Lage könnte nicht schöner sein: ein weites Becken, von Höhen gesäumt, im Süden ansteigend zu felsigen Bergen. Günstig wirkt sich die Höhe von 700 m aus. In-

Blick vom Predigtstuhl über Bad Reichenhall auf Zwiesel und Staufen. Kleines Bild: Die Altstadt.

zell ist das Paradies der Eiskünstler und Eisschnelläufer. Der nahe Frillensee garantiert eine Eisdecke von fast 6 Monaten, am Zwingsee entstand neben der Badeanlage das Eisstadion, Austragungsort internationaler Eisschnellauf-Wettbewerbe, Bundesleistungszentrum für Eisschnellauf.

Ruhpolding

Im Tal der weißen Traun zwischen Rauschberg und Fellhorn liegt Ruhpolding, zwischen 650 und 1100 m. Aus dem stilvollen Chiemgaudorf ist einer der bekanntesten Luftkurorte und Wintersportplätze (Bundesleistungszentrum für Biathlon) in den Bayerischen Alpen geworden. Freundliches wald- und wiesenreiches Mittelgebirge und felsige Gebirgslandschaft begegnet sich hier in verbindlicher Weise, ideales Wandergebiet. Ruhpolding bietet ein hervorragendes Wellenhallenbad, sehenswerte Museen. Viel Abwechslung vom Bauerntheater bis zum Après-Ski nach Alpin- oder Nordischem Skilauf. Seilbahn auf den Rauschberg 1671 m. Großer Märchenpark mit Rutschparadies, Streichelzoo und Abenteuerspielplatz.

Schuh - Plenk
Schuh - Plenk
Schuh - Plenk

Die Rauschbergbahn in Ruhpolding. Blick über den Ort zum Chiemsee.

Reit im Winkl

Auch Reit im Winkl, 700 – 1200 m, gehört noch in das engere Ausflugsgebiet von Berchtesgaden, die Alpenstraße ergibt eine nahe Verbindung.

Schneesichere Austragungsort Nordischer Weltmeisterschaften (Langlaufzentrum). Leicht nach Süden geneigte Ortslage, sehr sonniges Plateau, an der Grenze nach Tirol. Ein ansehnlicher, schicker Gebirgsort. Dem Gast wird viel geboten: zahlreiche Veranstaltungen, Spaziergänge, Wanderungen, Bergtouren, Wintersport. Reit im Winkl hat das entsprechende Ski- und Rodelgelände. Im Süden das Fellhorn 1766 m, Unterberghorn, 1960 m. Im Südosten liegt die bekannte Winklmoosalm (Skigebiet), ein großes Plateau auf über 1100 m zwischen Kammerköhr und Steinplatte, 1870 m und Dürrnbachhorn, 1776 m. Im Sommer ist das gewaltige Kaisergebirge mit dem prächtigen Kaisertal, den verschiedenen Seen und Übergängen ein begehrtes Ziel der Bergsteiger. Auf dem Weg von Ruhpolding nach Reit im Winkl reihen sich Weitsee, Mittersee, und Lödensee aneinander. Rückweg von Reit im Winkl nach Berchtesgaden: entweder über Unterwössen Chiemsee – Autobahn oder Waidring – Lofer – Steinpaß – Alpenstraße.

Schloss Herrenchiemsee

Chiemsee

Von den vielen Ausflügen, die von Berchtesgaden aus möglich sind, ist ein sehr schöner die Fahrt zum Chiemsee. Er ist der größte der bayerischen Seen und bettet sich im weiten Rund in das Hügelland des Chiemgaues. In 1 – 1½ Std. Fahrt ist der See (Autobahn Richtung München) erreicht. Den besten Überblick bietet Seebruck, hier hat man den ganzen See und das Gebirge vor sich (alte Römersiedlung). Der Hauptort ist Prien, ansprechend sind Chieming, Gstadt und Breitbrunn. Von den Chiemseeinseln ist die kleinste die Krautinsel (Gartenanlage) während die Fraueninsel eine frühe Stätte deutscher Kultur ist. Das Nonnenkloster wurde bereits im 8. Jahrhundert gegründet. Hier sind noch viele Zeugen der Vergangenheit lebendig.

Die prunkvollste Insel ist die Herreninsel. Bis zur Säkularisation im Jahre 1805 war dort ein Augustiner Chorherrenstift und ein Bischofsitz.

König Ludwig II. ließ ein üppiges Schloss nach dem Muster des Schlosses von Versailles errichten. Der Besuch von Schloss und Insel ist unumgänglich! Auf der Insel befindet sich außerdem ein Gatter mit Dammwild. Fährverbindungen von fast allen Uferorten zu den Inseln. Rundfahrten sind möglich.

Wasserspiele im Schloss Hellbrunn

Salzburg

Die Landeshauptstadt liegt 22 km von Berchtesgaden entfernt (Bus-Verbindung von Berchtesgaden, 50 Min., mit der Eisenbahn über Freilassing). Herrlich ist die Lage der Stadt (420 m) zwischen Hügeln und Höhen am Ausgang des Gebirges. Mitten durch Salzburg, das heute etwa 150000 Einwohner zählt, strömt die Salzach. Salzburg ist eine alte Keltensiedlung, wurde später römische Garnison und Umschlagplatz für das Salz im europäischen Raum. Der Bischof von Salzburg war bis 1805 Landesherr seines Fürstentums. Der Hl. Rupertus war erster christlicher Bischof von Salzburg, nicht minder bekannt der Renaissancefürst Wolf Dietrich von Raitenau. Paris Lodron, einer seiner späteren Nachfolger verstand es, sein Land von den Wirren des 30jährigen Krieges zu bewahren. Hoch überragt die Burg Hohensalzburg die Stadt. 1077 wurde die Burg gegründet, auf der im Mittelalter die Fürstbischöfe herrschten (Führung: Fürstenzimmer, Zisternen, Folterkammern, Schlosskapelle,

Die nächtliche Salzburger Altstadt

Festung Hohensalzburg
Salzburger Dom

Der Mirabellgarten in Salzburg.

Wehrgang, Giftturm, Basteien vermitteln ein anschauliches Bild). Die Renaissance- und Barockfürsten residierten in der am Domplatz gelegenen Residenz (Führung: elegante Stilmöbel, teils prunkvolle Räume), die Fürstbischof Wolf Dietrich von Raitenau hatte erbauen lassen. Unterhalb der Burg liegt als ältester Stadtkern die Erzabtei St. Peter, 696 vom hl. Rupertus gegründet, mit Kirche, Friedhof und dem bekannten Peterskeller.

Sehenswürdigkeiten: Dom, Renaissance-Frühbarock, Residenzplatz mit Brunnen, Glockenspiel, Mozartdenkmal, Kapitelplatz, erzbischöfliches Palais, Pferdeschwemme. Franziskanerkirche (gegenüber St. Peter) mit Madonna von Michael Pacher, Collegienkirche von Fischer von Erlach erbaut, Universität, gegenüber Kleines und Großes Festspielhaus, Neutor, Museum Carolino Augusteum, Haus der Natur, Mozarts Geburtshaus, Getreidegasse, Alter Markt, Kloster Nonnberg.

Stadtteil am rechten Salzachufer: Dreifaltigkeitskirche von Fischer von Erlach, Stadtschloss Mirabell von Lukas von Hildebrandt, prächtige Parkanlagen, Sebastianskirche mit Rokokoportal und Sebastiansfriedhof mit Grabstätten von Wolf Dietrich von Raitenau, Leopold und Constanze Mozart und dem berühmten Arzt Paracelsus.

Das Rathaus u. der Bayrhamer-Platz in Hallein. Typisch für den Baustil sind die flachen Dächer.

Hallein

Man geht entweder bei Zill oder Dürrnberg »über den Berg« nach Hallein (1½ – 2 Std.) oder fährt über St. Leonhardt – Kaltenhausen zu dieser alten Salinenstadt. Berühmt ist das Keltenmuseum, in dem die Funde aus den Gräbern in Dürrnberg zu sehen sind. Sein besonderer Reiz ist die moderne Gestaltung in einem mittelalterlichen Salinengebäude. Hallein, an der Bahnstrecke Salzburg – Bischofshofen gelegen, zeigt beispielhaft den „Inn-Salzachstil" mit hochgezogenen Hausfronten und verborgenen Grabendächern. Dürrnberg ist ein uralter Bergwerks- und Wallfahrtsort mit historischem Salzbergwerk und Keltendorf, Keltenausgrabungen (Führungen). Die Staatsstraße führt von Hallein nach Bad Dürrnberg und zur Rossfeldstraße vorbei an einer großen Sommerrodelbahn, die vom Zinken herabführt.

Steinernes Meer
Hagengebirge
Königssee
Hoher Göll - Kehlstein
Karte: Walter Krabichler
Druckerlaubnis: Nationalparkverwaltung Berchtesgaden

Hochkalter
Reiteralpe
atzmann
Ramsau
Lattengebirge
Bischofswiesen
den
Bad Reichenhall

Der Watzmann im August nach einem Wettersturz

Kleine Wetter- und Wolkenkunde

Ob sie als Schäfchenwolken über den blauen Himmel oder sich als drohende Türme am Firmament zusammenbrauen - Wolken begleiten unseren ganzen Tag. Für den Bergsteiger geben sie wichtige Informationen, wie sich das weitere Wetter entwickelt oder vom Wetterbericht abweicht. Ein Wettersturz im Gebirge kann fatale Folgen haben. Nicht selten schneit es auch im Hochsommer in höheren Lagen. Auch ein Gewitterguß mit Temperatursturz kann sehr unangenehm sein. Wie entstehen Wolken? Die Luft, die uns umgibt, ist ein Gemisch verschiedener Gase. Da ständig Wasser verdunstet, enthält sie Feuchtigkeit. Je wärmer die Luft, desto mehr Wasserdampf kann sie binden. Ist das Aufnahmevermögen erschöpft bilden sich aus dem Wasserdampf Tröpfchen, der Dampf kondensiert. Geschieht es am Boden entsteht Nebel, in den Höhen werden daraus Wolken. Werden die Tröpfchen größer und schwerer, fallen sie als Regen aus.

Schäfchenwolken - Grundregel: Erscheinen sie am Morgen, droht Regen. Am Abend weisen sie auf gutes Wetter am nächsten Tag hin.

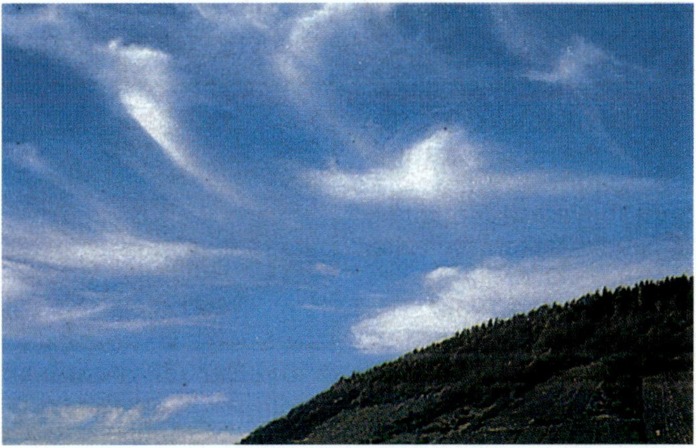

Federwolken - Die eisigen Cirruswolken ziehen in 7-13.000 m Höhe über den Himmel. Langsam aufziehend aus Osten heißt gutes Wetter. Schnell aus Westen oder Süden bedeutet Regen.

Föhnwolken - Linsenförmige Form. Sie zählen zu den Schönwetterzeichen; doch bei Nachlassen des Föhns kann das Wetter blitzschnell umschlagen. Der Föhn ist ein warmer Fallwind, der entsteht, wenn warme Luft über das Gebirge gedrückt wird. Je mehr Feuchtigkeit sie beim Anstieg verliert, desto trockener strömt sie auf der anderen Seite ins Tal. Ungewöhnlich warme Temperaturen auch im Winter sind die Folge.

Haufenwolken - in bis zu 2000 m Höhe türmen sich die haufenförmigen Cumuluswolken. Sie entstehen,wenn von einer erwärmten Fläche heiße Luft aufsteigt und in der Höhe wieder abkühlt. Segelflieger lieben diese Wolken, denn unter ihnen geht es wie in einem Fahrstuhl nach oben.

Gewitterwolken - Mit seinem Amboß ist der Cumulonimbus der Gigant unter den Wolken. Er dehnt sich von der untersten bis in die oberste »Himmelsetage« aus und verspricht zumindest Gewitter und heftige Regenfälle, oft Hagel. Bis zu 250.000 Tonnen Wasser hängen so am Himmel. Wenn so eine Gewitterwolke über der Landschaft hängt, ist es höchste Zeit, sich einen Unterschlupf zu suchen.

Veranstaltungen

6. Januar:
Heilig Dreikönigfest;
Februar/ März: Fasching, Skifasching, Faschingsumzüge;
Palmsonntag: Palmweihe;
Ostersonntag: Speisenweihe;
Mai: Maibaumaufstellen;
Pfingstmontag: Umzug der Bergknappen; Frühjahrsfest mit Bierzelt;
Juli: Schellenberger Dult mit Bierzelt, Trachtenjahrtag mit Umzug, Ettenberger Wallfahrt;
August: Seefest am Königssee; Almer Wallfahrt;
September: Almabtrieb;
Oktober: Herbstfest am Triftplatz;
Dezember: Christkindlmarkt am Schlossplatz, **Buttnmandllaufen** in den verschiedenen Gemeinden, 17.-24.12. **Christkindlschießen** im gesamten Berchtesgadener Land, **Glöcklsingen** in den Rauhnächten, 24.12. Weihnachtsabend und Jahreswechsel mit **Böllerschießen**.
Im **Jahreslauf** feiern die Weihnachtsschützen-, und Trachtenvereine ihre Jubiläen usw. meist mit einem Bierzelt.

Der Besuch lohnt sich!

Verhaltensregeln am Berg

Der Herbst ist im Berchtesgadener Land die beste Jahreszeit zum Wandern und Bergsteigen. Das Wetter ist beständiger als in den Sommermonaten und die Temperaturen nicht mehr so hoch. So ist der Anstieg oftmals angenehm kühl. Der Föhn beschert Tage mit glasklarer Luft und enormer Weitsicht.

Folgende Ratschläge sollten Sie beachten:

Vor den Bergtouren für Fitness sorgen. Nicht erst durch Bergtouren fit werden. Alpinunfälle entstehen oft aus Ermüdung und Erschöpfung. Bergsteiger brauchen Kondition und Training. **Die Ausdauer kann in den Bergen zur Überlebensfrage werden.** Sorgfältig die Bergtour planen. Mit Karte und Führer Auf- und Abstieg zusammenstellen. Die Ausrüstung zusammenpacken und Kleidung schon am Abend herrichten. Am Morgen in Ruhe frühstücken ohne sich den Bauch unnötig vollzuschlagen. Nach dem Abmarsch langsam warmgehen. Später richtet sich das Tempo nach dem Schwächsten in der Gruppe.

Alle 2 Stunden eine Rast einlegen. Essen und trinken, auch ohne Hunger und Durst. Bei Ermüdungs- oder Erschöpfungsanzeichen ausgiebig rasten (ev. auch umkehren). Dabei Brote, Keks, Schokolade oder ähnliches (keinen Traubenzucker) zu sich nehmen und möglichst viel trinken. Die Bäche in den Bergen haben meist Trinkwasserqualität. **Denken sie auch an den Abstieg.**

Kinder nicht überfordern. Sie brauchen mehr Pausen, erholen sich jedoch viel schneller als Erwachsene. Touren kindgerecht planen. Halbtageswanderungen mit Seilbahnfahrt, Ruderbootfahren, kleinen Wasserläufen, Höhlen usw. sind ideal. Planen sie Spielpausen ein.

Ab etwa 2000 m Seehöhe Zeit lassen um sich zu aklimatisieren. Sich an die Höhenlage gewöhnen bevor man seinem Körper Leistung abverlangt. Warnzeichen sind Husten, Kopfweh und Schlaflosigkeit.

Wettergefahren niemals unterschätzen. Kehren sie bei heranziehendem Wetter um, suchen Sie Schutzmöglichkeiten auf, verlassen sie exponierte Orte, Grate und Seilversicherungen. Bei Blitzschlag weg von Eisenteilen oder freistehenden Bäumen!

Bleiben Sie immer auf dem Weg. Haben Sie sich verirrt, bewahren Sie Ruhe. Bei Nebel Wetterbesserung abwarten. Steigen Sie nicht einfach talabwärts, es könnte eine Wand das Weiterkommen unmöglich machen. Gibt es keinen Ausweg mehr, verwenden Sie das alpine Notzeichen (sechsmal in der Minute ein sicht- oder hörbares Zeichen geben) oder rufen Sie über Handy Hilfe. Das Handy ist ein wertvoller Begleiter!

Setzen Sie ihren Vermieter über die geplante Tour und erwartete Rückkehrzeit in Kenntnis. Auch im kleinsten Rucksack ist Platz für trockene Reservewäsche, Stirnlampe, Pflaster, Mullbinden usw. Empfehlenswert ist eine kleine Erste-Hilfe-Box, ein Biwaksack oder zumindest eine Rettungsfolie.

Man rechnet im Gebirge für 400 Höhenmeter mit einer Stunde Aufstiegszeit. Oftmals sind kleine Steige mit Steindauben (zu einem pyramidenartigen Steinhaufen aufeinandergelegte Steine) gekennzeichnet. Legen auch Sie einen Stein drauf, der Nachfolger wird es danken.

Der Berg ruft - Kinder im Watzmannkar

Namenverzeichnis

Unternehmungen bei Regenwetter

Neben den klassischen Schlechtwetterangeboten im Berchtesgadener Land wie Watzmann-Therme, Schlossmuseum und Heimatmuseum, Salzbergwerk, Betriebsbesichtigungen bei der Enzianbrennerei Grassl in Unterau, Kurkonzerte und Vorträge, bieten sich interessante Ausflüge in naheliegende Nachbarorte an. Grundsätzlich haben auch Wanderungen z. B. in die Almbachklamm oder die Königsseefahrt bei Regenwetter ihren besonderen Reiz. Empfehlenswert ist auch die Besichtigung des neuen Dokumentationszentrums Obersalzberg für Orts- und Zeitgeschichte und die Fisch-Erlebnis-Welt Königssee an der Stangermühle.

EFA-Museum für deutsche Automobilgeschichte, Wasserburgerstr. 38, 83123 Amerang, Tel. 08075/8141;

Bauernhausmuseum Amerang, Tel. 08075/915090.

Schloss Hohenaschau und Prientalmuseum, Im Hopfgarten 2, 83229 Aschau im Chiemgau, Tel. 08052/904937.

Schloss Herrenchiemsee, 83209 Herrenchiemsee, Tel. 08051/ 68870.

Skate- und Kletterhalle, 83324 Ruhpolding, 08663/800584.

Heimatmuseum Rupertiwinkel, Burg Tittmoning, 84529 Titt-

Alte Saline in Bad Reichenhall

moning, Tel. 08683/700710.

Bajuwarenmuseum, Salzburger Straße 32, 83329 Waging am See, Tel. 08681/45870.

Alte Saline und Salzmuseum an der Salinenstraße, 83435 Bad Reichenhall, Tel. 08651/7002/146;

Kulturzentrum Alte Saline, Tel. 08651/984577.

0043/6245/80783 oder 84288.

Salzburger Landesskimuseum, A-5453 Werfenweng, Telefon 0043/6466/420.

Eisriesenwelt und Erlebnisburg Hohenwerfen, Hohenwerfen, Telefon 0043/6468/7603.

Salzburger Freilichtmuseum, A-5084 Großgmain, Telefon

Bergbaumuseum Achtal, 83317 Teisendorf, Teisendorfer Straße 63, Tel. 08666/7149 oder 1029.

Lamprechtshöhle, A-5092 St. Martin bei Lofer, Telefon 0043/6582/8352-4.

Heimatmuseum Burg Golling, A-5440 Golling, Telefon 0043/6244/4356.

Marmormuseum, A-5421 Adnet, Telefon 0043/6244/80625.

Keltenmuseum Hallein, Pflegerplatz 5, A-5400 Hallein, Telefon

0043/662/850011.

Carolinum Augusteum, Museum für Kunstgeschichte, Museumsplatz 6, A-5020 Salzburg, Tel. 0043/662/841134-0.

Stiegl`s Brauwelt Biererlebniswelt, Bräuhausstraße 9, A-5017 Salzburg, Telefon 0043/662/8387-1492.

Allgemein die **Stadt Salzburg** mit all ihren Kulturdenkmälern, Theater und dem Stadtleben, Auskunft Tel. 0043/662/88987-0.